book2
books in 2 languages

book2 Deutsch - Türkisch für Anfänger

IMPRINT / IMPRESSUM

Johannes Schumann:
book2 Deutsch - Türkisch für Anfänger
ISBN-13: 978-3-93-814139-7

Inquiries / Anfragen:
info@50languages.com
info@goethe-verlag.com

Inhalt

1 [eins] — Personen

1 [bir] — Kişiler

ich	ben
ich und du	ben ve sen
wir beide	biz ikimiz
er	o, kendisi (erkek)
er und sie	o (erkek) ve o (kadın)
sie beide	onlar ikisi
der Mann	erkek, adam
die Frau	kadın
das Kind	çocuk
eine Familie	bir aile
meine Familie	benim ailem
Meine Familie ist hier.	(Benim) ailem burada.
Ich bin hier.	Ben buradayım.
Du bist hier.	Sen buradasın.
Er ist hier und sie ist hier.	O (erkek için) burada ve o (kadın için) burada.
Wir sind hier.	Biz buradayız.
Ihr seid hier.	Sizler buradasınız.
Sie sind alle hier.	Onlar hepsi buradalar.

2 [zwei]

Familie

2 [iki]

Aile

der Großvater	büyükbaba
die Großmutter	büyükanne
er und sie	o ve o (erkek ve kadın için)
der Vater	baba
die Mutter	anne
er und sie	o ve o (erkek ve kadın için)
der Sohn	erkek çocuk, oğul
die Tochter	kız çocuk
er und sie	o ve o (erkek ve kadın için)
der Bruder	erkek kardeş
die Schwester	kız kardeş
er und sie	o ve o (erkek ve kadın için)
der Onkel	amca, dayı
die Tante	teyze, hala
er und sie	o ve o (erkek ve kadın için)
Wir sind eine Familie.	Biz bir aileyiz.
Die Familie ist nicht klein.	Aile küçük değil.
Die Familie ist groß.	Aile büyük.

3 [drei]

Kennen lernen

3 [üç]

Tanımak, öğrenmek, anlamak

Hallo!	Merhaba!
Guten Tag!	İyi günler! / Merhaba!
Wie geht's?	Nasılsın?
Kommen Sie aus Europa?	Avrupa'dan mı geliyorsunuz?
Kommen Sie aus Amerika?	Amerika'dan mı geliyorsunuz?
Kommen Sie aus Asien?	Asya'dan mı geliyorsunuz?
In welchem Hotel wohnen Sie?	Hangi otelde kalıyorsunuz?
Wie lange sind Sie schon hier?	Ne kadar zamandır buradasınız?
Wie lange bleiben Sie?	Ne kadar kalacaksınız?
Gefällt es Ihnen hier?	Burayı beğeniyor musunuz?
Machen Sie hier Urlaub?	Burada tatil mı yapıyorsunuz?
Besuchen Sie mich mal!	Beni ziyaret ediniz!
Hier ist meine Adresse.	Adresim burda.
Sehen wir uns morgen?	Yarın görüşecek miyiz?
Tut mir Leid, ich habe schon etwas vor.	Üzgünüm, şimdiden başka bir planım var.
Tschüs!	Hoşça kal!
Auf Wiedersehen!	Görüşmek üzere!
Bis bald!	Yakında görüşmek üzere!

4 [vier]

In der Schule

4 [dört]

Okulda

Wo sind wir?
Wir sind in der Schule.
Wir haben Unterricht.

Neredeyiz?
Okuldayız.
Dersimiz var.

Das sind die Schüler.
Das ist die Lehrerin.
Das ist die Klasse.

Bunlar öğrencidir.
Bu, öğretmen. (kadın için)
Bu, sınıf.

Was machen wir?
Wir lernen.
Wir lernen eine Sprache.

Ne yapıyoruz?
Öğreniyoruz.
Bir dil öğreniyoruz.

Ich lerne Englisch.
Du lernst Spanisch.
Er lernt Deutsch.

Ben İngilizce öğreniyorum.
Sen İspanyolca öğreniyorsun.
0 (erkek) Almanca öğreniyor.

Wir lernen Französisch.
Ihr lernt Italienisch.
Sie lernen Russisch.

Biz Fransızca öğreniyoruz.
Siz İtalyanca öğreniyorsunuz.
Onlar Rusça öğreniyorlar.

Sprachen lernen ist interessant.
Wir wollen Menschen verstehen.
Wir wollen mit Menschen sprechen.

Dil öğrenmek ilginçtir.
İnsanları anlamak istiyoruz.
İnsanlar ile konuşmak istiyoruz.

5 [fünf]

5 [beş]

Länder und Sprachen

Ülkeler ve diller

John ist aus London.
London liegt in Großbritannien.
Er spricht Englisch.

John Londralıdır.
Londra Büyük Britanya'dadır.
O (erkek için) İngilizce konuşuyor.

Maria ist aus Madrid.
Madrid liegt in Spanien.
Sie spricht Spanisch.

Maria Madridlidir.
Madrid İspanya'dadır.
O (kadın) İspanyolca konuşuyor.

Peter und Martha sind aus Berlin.
Berlin liegt in Deutschland.
Sprecht ihr beide Deutsch?

Peter ve Martha Berlinlidir.
Berlin Almanya'dadır.
Siz ikiniz de Almanca konuşuyor musunuz?

London ist eine Hauptstadt.
Madrid und Berlin sind auch Hauptstädte.
Die Hauptstädte sind groß und laut.

Londra bir başkenttir.
Madrid ve Berlin de başkentlerdir.
Başkentler büyük ve gürültülüdür.

Frankreich liegt in Europa.
Ägypten liegt in Afrika.
Japan liegt in Asien.

Fransa Avrupa'dadır.
Mısır Afrika'dadır.
Japonya Asya'dadır.

Kanada liegt in Nordamerika.
Panama liegt in Mittelamerika.
Brasilien liegt in Südamerika.

Kanada Kuzey Amerika'dadır.
Panama Orta Amerika'dadır.
Brezilya Güney Amerika'dadır.

6 [sechs]

Lesen und schreiben

6 [altı]

Okumak ve yazmak

Ich lese.
Ich lese einen Buchstaben.
Ich lese ein Wort.

Ben okuyorum.
Ben bir harf okuyorum.
Ben bir sözcük okuyorum.

Ich lese einen Satz.
Ich lese einen Brief.
Ich lese ein Buch.

Ben bir cümle okuyorum.
Ben bir mektup okuyorum.
Ben bir kitap okuyorum.

Ich lese.
Du liest.
Er liest.

Ben okuyorum.
Sen okuyorsun.
O (erkek) okuyor.

Ich schreibe.
Ich schreibe einen Buchstaben.
Ich schreibe ein Wort.

Ben yazıyorum.
Ben bir harf yazıyorum.
Ben bir sözcük yazıyorum.

Ich schreibe einen Satz.
Ich schreibe einen Brief.
Ich schreibe ein Buch.

Ben bir cümle yazıyorum.
Ben bir mektup yazıyorum.
Ben bir kitap yazıyorum.

Ich schreibe.
Du schreibst.
Er schreibt.

Ben yazıyorum.
Sen yazıyorsun.
O yazıyor. (erkek)

7 [sieben]

Zahlen

7 [yedi]

Sayılar

Ich zähle:
eins, zwei, drei
Ich zähle bis drei.

Ben sayıyorum:
bir, iki, üç
Üçe kadar sayıyorum.

Ich zähle weiter:
vier, fünf, sechs,
sieben, acht, neun

Saymaya devam ediyorum:
dört, beş, altı
yedi, sekiz, dokuz

Ich zähle.
Du zählst.
Er zählt.

Sayıyorum.
Sayıyorsun.
Sayıyor (erkek).

Eins. Der Erste.
Zwei. Der Zweite.
Drei. Der Dritte.

Bir. Birinci.
İki. İkinci.
Üç. Üçüncü.

Vier. Der Vierte.
Fünf. Der Fünfte.
Sechs. Der Sechste.

Dört. Dördüncü.
Beş. Beşinci.
Altı. Altıncı.

Sieben. Der Siebte.
Acht. Der Achte.
Neun. Der Neunte.

Yedi. Yedinci.
Sekiz. Sekizinci.
Dokuz. Dokuzuncu.

8 [acht]

Uhrzeiten

8 [sekiz]

Saatler

Entschuldigen Sie!
Wie viel Uhr ist es, bitte?
Danke vielmals.

Özür dilerim!
Saat kaç, lütfen?
Çok teşekkür ederim.

Es ist ein Uhr.
Es ist zwei Uhr.
Es ist drei Uhr.

Saat bir.
Saat iki.
Saat üç.

Es ist vier Uhr.
Es ist fünf Uhr.
Es ist sechs Uhr.

Saat dört.
Saat beş.
Saat altı.

Es ist sieben Uhr.
Es ist acht Uhr.
Es ist neun Uhr.

Saat yedi.
Saat sekiz.
Saat dokuz.

Es ist zehn Uhr.
Es ist elf Uhr.
Es ist zwölf Uhr.

Saat on.
Saat onbir.
Saat oniki.

Eine Minute hat sechzig Sekunden.
Eine Stunde hat sechzig Minuten.
Ein Tag hat vierundzwanzig Stunden.

Bir dakikada altmış saniye vardır.
Bir saatte altmış dakika vardır.
Bir günde yirmidört saat vardır.

9 [neun]

Wochentage

9 [dokuz]

Haftanın günleri

der Montag	Pazartesi
der Dienstag	Salı
der Mittwoch	Çarşamba
der Donnerstag	Perşembe
der Freitag	Cuma
der Samstag	Cumartesi
der Sonntag	Pazar
die Woche	hafta
von Montag bis Sonntag	pazartesiden Pazara kadar
Der erste Tag ist Montag.	İlk gün Pazartesidir.
Der zweite Tag ist Dienstag.	İkinci gün Salıdır.
Der dritte Tag ist Mittwoch.	Üçüncü gün Çarşambadır.
Der vierte Tag ist Donnerstag.	Dördüncü gün Perşembedir.
Der fünfte Tag ist Freitag.	Beşinci gün Cumadır.
Der sechste Tag ist Samstag.	Altıncı gün Cumartesidir.
Der siebte Tag ist Sonntag.	Yedinci gün Pazardır.
Die Woche hat sieben Tage.	Hafta yedi gündür.
Wir arbeiten nur fünf Tage.	Biz yalnız beş gün çalışıyoruz.

10 [zehn] — 10 [on]

Gestern – heute – morgen — Dün – bugün – yarın

Gestern war Samstag. Gestern war ich im Kino. Der Film war interessant.	Dün Cumartesi idi. Dün sinemadaydım. Film ilginçti.
Heute ist Sonntag. Heute arbeite ich nicht. Ich bleibe zu Hause.	Bugün Pazar. Bugün çalışmıyorum. Evde kalacağım.
Morgen ist Montag. Morgen arbeite ich wieder. Ich arbeite im Büro.	Yarın Pazartesi. Yarın yine çalışacağım. Büroda çalışıyorum.
Wer ist das? Das ist Peter. Peter ist Student.	Bu kim? Bu, Peter. Peter üniversite öğrencisidir.
Wer ist das? Das ist Martha. Martha ist Sekretärin.	Bu kim? Bu, Martha. Martha sekreterdir.
Peter und Martha sind Freunde. Peter ist der Freund von Martha. Martha ist die Freundin von Peter.	Peter ve Martha arkadaştırlar. Peter Martha'nın erkek arkadaşıdır. Martha Peter'in kız arkadaşıdır.

11 [elf]

Monate

11 [on bir]

Aylar

der Januar	Ocak
der Februar	Şubat
der März	Mart
der April	Nisan
der Mai	Mayıs
der Juni	Haziran
Das sind sechs Monate.	Bunlar altı aydır.
Januar, Februar, März,	Ocak, Şubat, Mart,
April, Mai und Juni.	Nisan, Mayıs ve Haziran.
der Juli	Temmuz
der August	Ağustos
der September	Eylül
der Oktober	Ekim
der November	Kasım
der Dezember	Aralık
Das sind auch sechs Monate.	Bunlar da altı aydır.
Juli, August, September,	Temmuz, Ağustos, Eylül,
Oktober, November und Dezember.	Ekim, Kasım ve Aralık.

12 [zwölf]

Getränke

12 [on iki]

İçecekler

Ich trinke Tee.	Ben çay içiyorum.
Ich trinke Kaffee.	Ben kahve içiyorum.
Ich trinke Mineralwasser.	Ben madensuyu içiyorum.
Trinkst du Tee mit Zitrone?	Limonlu çay mı içiyorsun?
Trinkst du Kaffee mit Zucker?	Şekerli kahve mi içiyorsun?
Trinkst du Wasser mit Eis?	Buzlu su mu içiyorsun?
Hier ist eine Party.	Burada bir parti var.
Die Leute trinken Sekt.	İnsanlar şampanya içiyorlar.
Die Leute trinken Wein und Bier.	İnsanlar şarap ve bira içiyorlar.
Trinkst du Alkohol?	Alkol alıyor musun?
Trinkst du Whisky?	Viski içiyor musun?
Trinkst du Cola mit Rum?	Rumlu kola mı içiyorsun?
Ich mag keinen Sekt.	Şampanya sevmiyorum.
Ich mag keinen Wein.	Şarap sevmiyorum.
Ich mag kein Bier.	Bira sevmiyorum.
Das Baby mag Milch.	Bebek süt seviyor.
Das Kind mag Kakao und Apfelsaft.	Çocuk kakao ve elma suyu seviyor.
Die Frau mag Orangensaft und Grapefruitsaft.	Kadın portakal suyu ve greyfurt suyu seviyor.

13 [dreizehn]

13 [on üç]

Tätigkeiten

Faaliyetler

Was macht Martha?
Sie arbeitet im Büro.
Sie arbeitet am Computer.

Martha ne yapıyor?
O büroda çalışıyor.
O bilgisayarda çalışıyor.

Wo ist Martha?
Im Kino.
Sie schaut sich einen Film an.

Martha nerede?
Sinemada.
O bir film seyrediyor.

Was macht Peter?
Er studiert an der Universität.
Er studiert Sprachen.

Peter ne yapıyor?
O üniversitede okuyor.
O dil öğreniyor.

Wo ist Peter?
Im Café.
Er trinkt Kaffee.

Peter nerede?
Kafede.
O kahve içiyor.

Wohin gehen sie gern?
Ins Konzert.
Sie hören gern Musik.

Onlar nereye gitmeyi seviyorlar?
Konsere.
Onlar müzik dinlemeyi seviyorlar.

Wohin gehen sie nicht gern?
In die Disco.
Sie tanzen nicht gern.

Onlar nereye gitmeyi sevmiyorlar?
Diskoya.
Onlar dans etmeyi sevmiyorlar.

14 [vierzehn]

14 [on dört]

Farben

Renkler

Der Schnee ist weiß.
Die Sonne ist gelb.
Die Orange ist orange.

Kar beyazdır.
Güneş sarıdır.
Portakal turuncudur.

Die Kirsche ist rot.
Der Himmel ist blau.
Das Gras ist grün.

Kiraz kırmızıdır.
Gökyüzü mavidir.
Çimen yeşildir.

Die Erde ist braun.
Die Wolke ist grau.
Die Reifen sind schwarz.

Toprak kahverengidir.
Bulut gridir.
Lastikler siyahtır.

Welche Farbe hat der Schnee? Weiß.
Welche Farbe hat die Sonne? Gelb.
Welche Farbe hat die Orange? Orange.

Kar ne renktir? Beyaz.
Güneş ne renktir? Sarı.
Portakal ne renktir? Turuncu.

Welche Farbe hat die Kirsche? Rot.
Welche Farbe hat der Himmel? Blau.
Welche Farbe hat das Gras? Grün.

Kiraz ne renktir? Kırmızı.
Gökyüzü ne renktir? Mavi.
Çimen ne renktir? Yeşil.

Welche Farbe hat die Erde? Braun.
Welche Farbe hat die Wolke? Grau.
Welche Farbe haben die Reifen? Schwarz.

Toprak ne renktir? Kahverengi.
Bulut ne renktir? Gri.
Lastikler ne renktir? Siyah.

15 [fünfzehn]

Früchte und Lebensmittel

15 [on beş]

Meyve ve gıda maddeleri

Ich habe eine Erdbeere.	Benim bir çileğim var.
Ich habe eine Kiwi und eine Melone.	Benim bir kivim ve bir kavunum var.
Ich habe eine Orange und eine Grapefruit.	Benim bir portakalım ve bir greyfurtum var.
Ich habe einen Apfel und eine Mango.	Benim bir elmam ve bir mangom var.
Ich habe eine Banane und eine Ananas.	Benim bir muzum ve bir ananasım var.
Ich mache einen Obstsalat.	Ben meyve salatası yapıyorum.
Ich esse einen Toast.	Ben bir tost yiyorum.
Ich esse einen Toast mit Butter.	Ben tereyağlı bir tost yiyorum.
Ich esse einen Toast mit Butter und Marmelade.	Ben tereyağlı ve marmelatlı bir tost yiyorum.
Ich esse ein Sandwich.	Ben bir sandöviç yiyorum.
Ich esse ein Sandwich mit Margarine.	Ben margarinli bir sandöviç yiyorum.
Ich esse ein Sandwich mit Margarine und Tomate.	Ben margarinli ve domatesli bir sandöviç yiyorum.
Wir brauchen Brot und Reis.	Ekmek ve pirince ihtiyacımız var.
Wir brauchen Fisch und Steaks.	Balık ve bifteğe ihtiyacımız var.
Wir brauchen Pizza und Spagetti.	Pizza ve spagettiye ihtiyacımız var.
Was brauchen wir noch?	Başka neye ihtiyacımız var?
Wir brauchen Karotten und Tomaten für die Suppe.	Çorba için havuç ve domatese ihtiyacımız var.
Wo ist ein Supermarkt?	Yakında bir süpermarket var mı?

16 [sechzehn]

16 [on altı]

Jahreszeiten und Wetter

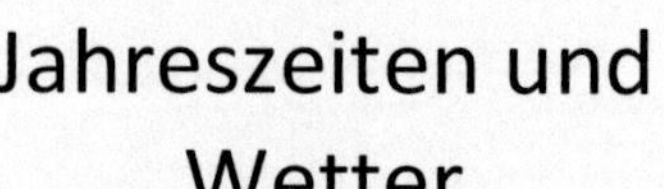

Mevsimler ve hava

Das sind die Jahreszeiten:
Der Frühling, der Sommer,
der Herbst und der Winter.

Bunlar mevsimlerdir:
ilkbahar, yaz,
sonbahar ve kış.

Der Sommer ist heiß.
Im Sommer scheint die Sonne.
Im Sommer gehen wir gern spazieren.

Yaz sıcaktır.
Yazın güneş açar.
Yazın gezmeyi severiz.

Der Winter ist kalt.
Im Winter schneit oder regnet es.
Im Winter bleiben wir gern zu Hause.

Kış soğuktur.
Kışın kar veya yağmur yağar.
Kışın evde kalmayı severiz.

Es ist kalt.
Es regnet.
Es ist windig.

Soğuk.
Yağmur yağıyor.
Rüzgarlı.

Es ist warm.
Es ist sonnig.
Es ist heiter.

Sıcak.
Güneşli.
Hava açık.

Wie ist das Wetter heute?
Es ist kalt heute.
Es ist warm heute.

Bugün hava nasıl?
Bugün soğuk.
Bugün sıcak.

17 [siebzehn]

Im Haus

17 [on yedi]

Evde

Hier ist unser Haus.	Burası evimiz.
Oben ist das Dach.	Yukarda çatı var.
Unten ist der Keller.	Aşağıda kiler var.
Hinter dem Haus ist ein Garten.	Evin arkasında bir bahçe var.
Vor dem Haus ist keine Straße.	Evin önünde yol yok.
Neben dem Haus sind Bäume.	Evin yanında ağaçlar var.
Hier ist meine Wohnung.	Burası benim dairem (evim).
Hier ist die Küche und das Bad.	Mutfak ve banyo burada.
Dort sind das Wohnzimmer und das Schlafzimmer.	Oturma odası ve yatak odası orada.
Die Haustür ist geschlossen.	Sokak kapısı kilitli.
Aber die Fenster sind offen.	Ama camlar açık.
Es ist heiß heute.	Bugün sıcak.
Wir gehen in das Wohnzimmer.	Oturma odasına gidiyoruz.
Dort sind ein Sofa und ein Sessel.	Orada bir kanepe ve bir koltuk var.
Setzen Sie sich!	Oturunuz!
Dort steht mein Computer.	Bilgisayarım orada.
Dort steht meine Stereoanlage.	Müzikçalarım orada.
Der Fernseher ist ganz neu.	Televizyon çok yeni.

18 [achtzehn]

Hausputz

18 [on sekiz]

Ev temizliği

Heute ist Samstag.	Bugün Cumartesi.
Heute haben wir Zeit.	Bugün vaktimiz var.
Heute putzen wir die Wohnung.	Bugün evi temizleyeceğiz.
Ich putze das Bad.	Ben banyoyu temizliyorum.
Mein Mann wäscht das Auto.	Kocam arabayı yıkıyor.
Die Kinder putzen die Fahrräder.	Çocuklar bisikletleri temizliyor.
Oma gießt die Blumen.	Büyükanne çiçekleri suluyor.
Die Kinder räumen das Kinderzimmer auf.	Çocuklar çocuk odasını topluyor.
Mein Mann räumt seinen Schreibtisch auf.	Kocam çalışma masasını topluyor.
Ich stecke die Wäsche in die Waschmaschine.	Ben çamaşırları çamaşır makinesine dolduruyorum.
Ich hänge die Wäsche auf.	Çamaşırları asıyorum.
Ich bügele die Wäsche.	Çamaşırları ütülüyorum.
Die Fenster sind schmutzig.	Camlar kirli.
Der Fußboden ist schmutzig.	Yerler kirli.
Das Geschirr ist schmutzig.	Mutfak takımı kirli.
Wer putzt die Fenster?	Camları kim temizliyor?
Wer saugt Staub?	Kim süpürüyor?
Wer spült das Geschirr?	Tabakları kim yıkıyor?

19 [neunzehn]

19 [on dokuz]

In der Küche

Mutfakta

Hast du eine neue Küche?	Mutfağın yeni mi?
Was willst du heute kochen?	Bugün ne pişirmek istiyorsun?
Kochst du elektrisch oder mit Gas?	Elektrikle mi gazla mı pişiriyorsun?
Soll ich die Zwiebeln schneiden?	Soğanları doğrayayım mı?
Soll ich die Kartoffeln schälen?	Patatesleri soyayım mı?
Soll ich den Salat waschen?	Salatayı yıkayayım mı?
Wo sind die Gläser?	Bardaklar nerede?
Wo ist das Geschirr?	Tabaklar nerede?
Wo ist das Besteck?	Çatal kaşıklar nerede?
Hast du einen Dosenöffner?	Konserve açacağın var mı?
Hast du einen Flaschenöffner?	Şişe açacağın var mı?
Hast du einen Korkenzieher?	Mantar açacağın var mı?
Kochst du die Suppe in diesem Topf?	Çorbayı bu tencerede mi pişireceksin?
Brätst du den Fisch in dieser Pfanne?	Balığı bu tavada mı kızartacaksın?
Grillst du das Gemüse auf diesem Grill?	Sebzeyi bu ızgarada mı yapacaksın?
Ich decke den Tisch.	Ben masayı kuruyorum.
Hier sind die Messer, Gabeln und Löffel.	Bıçak, çatal ve kaşıklar burada.
Hier sind die Gläser, die Teller und die Servietten.	Bardaklar, tabaklar ve peçeteler burada.

20 [zwanzig]

Small Talk 1

20 [yirmi]

Small Talk 1 (Kısa sohbet 1)

Machen Sie es sich bequem!
Fühlen Sie sich wie zu Hause!
Was möchten Sie trinken?

Rahatınıza bakın!
Kendinizi evinizde gibi hissedin!
Ne içmek istersiniz?

Lieben Sie Musik?
Ich mag klassische Musik.
Hier sind meine CDs.

Müzik sever misiniz?
Klasik müzik severim.
CD'lerim burada.

Spielen Sie ein Instrument?
Hier ist meine Gitarre.
Singen Sie gern?

Bir Müzik aleti çalıyor musunuz?
Gitarım burada.
Şarkı söylemeyi sever misiniz?

Haben Sie Kinder?
Haben Sie einen Hund?
Haben Sie eine Katze?

Çocuklarınız var mı?
Köpeğiniz var mı?
Kediniz var mı?

Hier sind meine Bücher.
Ich lese gerade dieses Buch.
Was lesen Sie gern?

Kitaplarım burada.
Şu sıralar bu kitabı okuyorum.
Ne okumayı seviyorsunuz?

Gehen Sie gern ins Konzert?
Gehen Sie gern ins Theater?
Gehen Sie gern in die Oper?

Konsere gitmeyi sever misiniz?
Tiyatroya gitmeyi sever misiniz?
Operaya gitmeyi sever misiniz?

21
[einundzwanzig]

Small Talk 2

21 [yirmi bir]

Small Talk 2 (Kısa sohbet 2)

Woher kommen Sie?
Aus Basel.
Basel liegt in der Schweiz.

Nerelisiniz?
Baselliyim.
Basel İsviçre'dedir.

Darf ich Ihnen Herrn Müller vorstellen?
Er ist Ausländer.
Er spricht mehrere Sprachen.

Size Bay Müller'i tanıştırabilir miyim?
Kendisi yabancıdır.
O birçok dil konuşuyor.

Sind Sie zum ersten Mal hier?
Nein, ich war schon letztes Jahr hier.
Aber nur eine Woche lang.

İlk defa mı buradasınız?
Hayır, geçen sene gelmiştim.
Ama sadece bir haftalığına.

Wie gefällt es Ihnen bei uns?
Sehr gut. Die Leute sind nett.
Und die Landschaft gefällt mir auch.

Bizim burası hoşunuza gidiyor mu?
Çok güzel. İnsanlar cana yakın.
Manzara da hoşuma gidiyor.

Was sind Sie von Beruf?
Ich bin Übersetzer.
Ich übersetze Bücher.

Mesleğiniz nedir?
Çevirmenim.
Kitap çeviriyorum.

Sind Sie allein hier?
Nein, meine Frau / mein Mann ist auch hier.
Und dort sind meine beiden Kinder.

Burada yalnız mısınız?
Hayır, karım / kocam da burada.
Ve her iki çocuğum da ordalar.

22
[zweiundzwanzig]

Small Talk 3

22 [yirmi iki]

Small Talk 3 (Kısa sohbet 3)

Rauchen Sie?
Früher ja.
Aber jetzt rauche ich nicht mehr.

Sigara içiyor musunuz?
Önceleri içiyordum.
Ama şimdi artık içmiyorum.

Stört es Sie, wenn ich rauche?
Nein, absolut nicht.
Das stört mich nicht.

Sigara içersem rahatsız olur musunuz?
Hayır, kesinlikle hayır.
Bu beni rahatsız etmez.

Trinken Sie etwas?
Einen Cognac?
Nein, lieber ein Bier.

Bir şeyler içermisiniz?
Bir konyak?
Hayır, birayı tercih ederim.

Reisen Sie viel?
Ja, meistens sind das Geschäftsreisen.
Aber jetzt machen wir hier Urlaub.

Çok seyahat eder misiniz?
Evet, bunlar genelde iş seyahatleridir.
Ama şimdi burada tatil yapıyoruz.

Was für eine Hitze!
Ja, heute ist es wirklich heiß.
Gehen wir auf den Balkon.

Ne biçim bir sıcak!
Evet, bugün gerçekten sıcak.
Balkona çıkalım mı?

Morgen gibt es hier eine Party.
Kommen Sie auch?
Ja, wir sind auch eingeladen.

Yarın burada parti var.
Sizde gelecek misiniz?
Evet, biz de davetliyiz.

23
[dreiundzwanzig]

Fremdsprachen lernen

23 [yirmi üç]

Dil öğrenmek

Wo haben Sie Spanisch gelernt? Können Sie auch Portugiesisch? Ja, und ich kann auch etwas Italienisch.	Ispanyolca'yı nerede öğrendiniz? Portekizce de biliyor musunuz? Evet, biraz da İtalyanca biliyorum.
Ich finde, Sie sprechen sehr gut. Die Sprachen sind ziemlich ähnlich. Ich kann sie gut verstehen.	Bence çok güzel konuşuyorsunuz. Diller birbirine oldukça benziyor. Ben onları (dilleri anlamında) iyi anlayabiliyorum.
Aber sprechen und schreiben ist schwer. Ich mache noch viele Fehler. Bitte korrigieren Sie mich immer.	Ama konuşmak ve yazmak zordur. Henüz çok hata yapıyorum. Lütfen yanlışlarımı daima düzeltiniz.
Ihre Aussprache ist ganz gut. Sie haben einen kleinen Akzent. Man erkennt, woher Sie kommen.	Telaffuzunuz çok iyi. Hafif bir aksanınız var. Nereden geldiğiniz (nereli olduğunuz) anlaşılıyor.
Was ist Ihre Muttersprache? Machen Sie einen Sprachkurs? Welches Lehrwerk benutzen Sie?	Ana diliniz nedir? Dil kursuna mı gidiyorsunuz? Hangi kitabı kullanıyorsunuz?
Ich weiß im Moment nicht, wie das heißt. Mir fällt der Titel nicht ein. Ich habe das vergessen.	Adını şu anda bilmiyorum. Adı şu anda aklıma gelmiyor. Unuttum.

24 [vierundzwanzig]

Verabredung

24 [yirmi dört]

Randevulaşmak

Hast du den Bus verpasst?
Ich habe eine halbe Stunde auf dich gewartet.
Hast du kein Handy bei dir?

Otobüsü mü kaçırdın?
Yarım saat seni bekledim.
Yanında cep telefonu yok mu?

Sei das nächste Mal pünktlich!
Nimm das nächste Mal ein Taxi!
Nimm das nächste Mal einen Regenschirm mit!

Bir dahaki sefere dakik ol!
Bir dahaki sefere bir taksiye bin!
Bir dahaki sefere yanına bir şemsiye al!

Morgen habe ich frei.
Wollen wir uns morgen treffen?
Tut mir Leid, morgen geht es bei mir nicht.

Yarın boşum.
Yarın buluşalım mı?
Üzgünüm, yarın müsait değilim.

Hast du dieses Wochenende schon etwas vor?
Oder bist du schon verabredet?
Ich schlage vor, wir treffen uns am Wochenende.

Bu hafta sonu şimdiden herhangi bir planın var mı?
Yoksa randevun mu var?
Hafta sonu buluşmayı teklif ediyorum.

Wollen wir Picknick machen?
Wollen wir an den Strand fahren?
Wollen wir in die Berge fahren?

Piknik yapalım mı?
Plaja gidelim mi?
Dağlara gidelim mi?

Ich hole dich vom Büro ab.
Ich hole dich von zu Hause ab.
Ich hole dich an der Bushaltestelle ab.

Seni bürodan alırım.
Seni evden alırım.
Seni otobüs durağından alacağım.

25
[fünfundzwanzig]

25 [yirmi beş]

In der Stadt

Şehirde

Ich möchte zum Bahnhof.
Ich möchte zum Flughafen.
Ich möchte ins Stadtzentrum.

Tren istasyonuna gitmek istiyorum.
Havalimanına gitmek istiyorum.
Şehir merkezine gitmek istiyorum.

Wie komme ich zum Bahnhof?
Wie komme ich zum Flughafen?
Wie komme ich ins Stadtzentrum?

Tren istasyonuna nasıl giderim?
Havalimanına nasıl giderim?
Şehir merkezine nasıl giderim?

Ich brauche ein Taxi.
Ich brauche einen Stadtplan.
Ich brauche ein Hotel.

Bir taksiye ihtiyacım var.
Bir şehir haritasına ihtiyacım var.
Bir otele ihtiyacım var.

Ich möchte ein Auto mieten.
Hier ist meine Kreditkarte.
Hier ist mein Führerschein.

Bir araba kiralamak istiyorum.
İşte kredi kartım.
İşte sürücü belgem.

Was gibt es in der Stadt zu sehen?
Gehen Sie in die Altstadt.
Machen Sie eine Stadtrundfahrt.

Şehirde görülecek ne var?
Şehrin eski kısmına gidiniz.
Şehir turu atınız.

Gehen Sie zum Hafen.
Machen Sie eine Hafenrundfahrt.
Welche Sehenswürdigkeiten gibt es außerdem noch?

Limana gidiniz.
Liman turu yapınız.
Görülmeye değer başka neler var?

26 [sechsundzwanzig]

In der Natur

26 [yirmi altı]

Doğada

Siehst du dort den Turm?	Oradaki kuleyi görüyor musun?
Siehst du dort den Berg?	Oradaki dağı görüyor musun?
Siehst du dort das Dorf?	Oradaki köyü görüyor musun?
Siehst du dort den Fluss?	Oradaki nehri görüyor musun?
Siehst du dort die Brücke?	Oradaki köprüyü görüyor musun?
Siehst du dort den See?	Oradaki gölü görüyor musun?
Der Vogel da gefällt mir.	Şuradaki (oradaki) kuş hoşuma gidiyor.
Der Baum da gefällt mir.	Şuradaki (oradaki) ağaç hoşuma gidiyor.
Der Stein hier gefällt mir.	Buradaki taş hoşuma gidiyor.
Der Park da gefällt mir.	Oradaki (şuradaki) park hoşuma gidiyor.
Der Garten da gefällt mir.	Oradaki (şuradaki) bahçe hoşuma gidiyor.
Die Blume hier gefällt mir.	Buradaki çiçek hoşuma gidiyor.
Ich finde das hübsch.	Bunu hoş buluyorum.
Ich finde das interessant.	Bunu ilginç buluyorum.
Ich finde das wunderschön.	Bunu harika buluyorum.
Ich finde das hässlich.	Bunu çirkin buluyorum.
Ich finde das langweilig.	Bunu sıkıcı buluyorum.
Ich finde das furchtbar.	Bunu korkunç buluyorum.

27 [siebenundzwanzig]

Im Hotel – Ankunft

27 [yirmi yedi]

Otelde – varış

Haben Sie ein Zimmer frei?	Boş bir odanız var mı?
Ich habe ein Zimmer reserviert.	Ben bir oda rezerve ettim.
Mein Name ist Müller.	Benim adım Müller.
Ich brauche ein Einzelzimmer.	Tek kişilik odaya ihtiyacım var.
Ich brauche ein Doppelzimmer.	Çift kişilik odaya ihtiyacım var.
Wie viel kostet das Zimmer pro Nacht?	Odanın gecelik ücreti nedir?
Ich möchte ein Zimmer mit Bad.	Banyolu bir oda istiyorum.
Ich möchte ein Zimmer mit Dusche.	Duşlu bir oda istiyorum.
Kann ich das Zimmer sehen?	Odayı görebilir miyim?
Gibt es hier eine Garage?	Burada bir garaj var mı?
Gibt es hier einen Safe?	Burada bir kasa var mı?
Gibt es hier ein Fax?	Burada bir faks var mı?
Gut, ich nehme das Zimmer.	İyi, odayı tutuyorum.
Hier sind die Schlüssel.	Anahtarlar burada.
Hier ist mein Gepäck.	Eşyalarım burada.
Um wie viel Uhr gibt es Frühstück?	Kahvaltı saat kaçta?
Um wie viel Uhr gibt es Mittagessen?	Öğle yemeği saat kaçta?
Um wie viel Uhr gibt es Abendessen?	Akşam yemeği saat kaçta?

28
[achtundzwanzig]

Im Hotel – Beschwerden

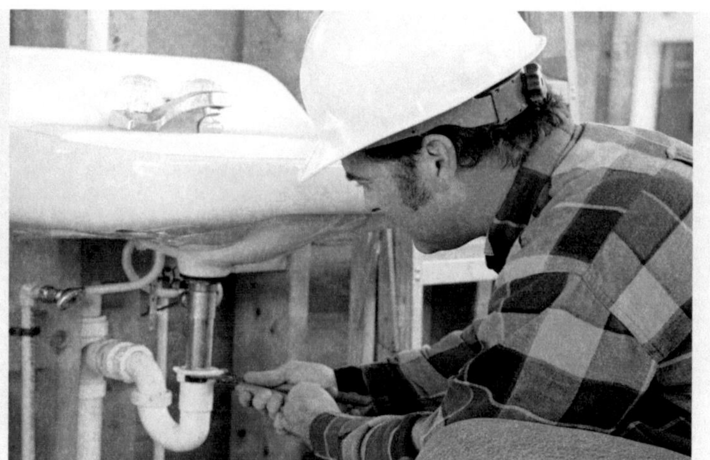

28 [yirmi sekiz]

Otelde – şikâyetler

Die Dusche funktioniert nicht.	Duş arızalı.
Es kommt kein warmes Wasser.	Sıcak su gelmiyor.
Können Sie das reparieren lassen?	Bunu tamir ettirebilir misiniz?
Es gibt kein Telefon im Zimmer.	Odada telefon yok.
Es gibt keinen Fernseher im Zimmer.	Odada televizyon yok.
Das Zimmer hat keinen Balkon.	Odanın balkonu yok.
Das Zimmer ist zu laut.	Oda fazla gürültülü.
Das Zimmer ist zu klein.	Oda fazla küçük.
Das Zimmer ist zu dunkel.	Oda fazla karanlık.
Die Heizung funktioniert nicht.	Kalorifer çalışmıyor.
Die Klimaanlage funktioniert nicht.	Klima çalışmıyor.
Der Fernseher ist kaputt.	Televizyon bozuk.
Das gefällt mir nicht.	Bu hoşuma gitmiyor.
Das ist mir zu teuer.	Bu benim için fazla pahalı.
Haben Sie etwas Billigeres?	Daha ucuz bir şeyiniz var mı?
Gibt es hier in der Nähe eine Jugendherberge?	Buralarda yakında gençler için bir misafirhane var mı?
Gibt es hier in der Nähe eine Pension?	Burada yakında bir pansiyon var mı?
Gibt es hier in der Nähe ein Restaurant?	Burada yakında bir restoran var mı?

29 [neunundzwanzig]

Im Restaurant 1

29 [yirmi dokuz]

Restoranda 1

Ist der Tisch frei?	Masa boş mu?
Ich möchte bitte die Speisekarte.	Menüyü rica ediyorum.
Was können Sie empfehlen?	Ne tavsiye edebilirsiniz?
Ich hätte gern ein Bier.	Bir bira isterim.
Ich hätte gern ein Mineralwasser.	Bir maden suyu isterim.
Ich hätte gern einen Orangensaft.	Bir portakal suyu isterim.
Ich hätte gern einen Kaffee.	Bir kahve isterim.
Ich hätte gern einen Kaffee mit Milch.	Sütlü bir kahve isterim.
Mit Zucker, bitte.	Şekerli olsun lütfen.
Ich möchte einen Tee.	Bir çay istiyorum.
Ich möchte einen Tee mit Zitrone.	Limonlu çay istiyorum.
Ich möchte einen Tee mit Milch.	Sütlü çay istiyorum.
Haben Sie Zigaretten?	Sigaranız var mı?
Haben Sie einen Aschenbecher?	Kül tablanız var mı?
Haben Sie Feuer?	Ateşiniz var mı?
Mir fehlt eine Gabel.	Çatalım eksik.
Mir fehlt ein Messer.	Bıçağım eksik.
Mir fehlt ein Löffel.	Kaşığım eksik.

30 [dreißig]

30 [otuz]

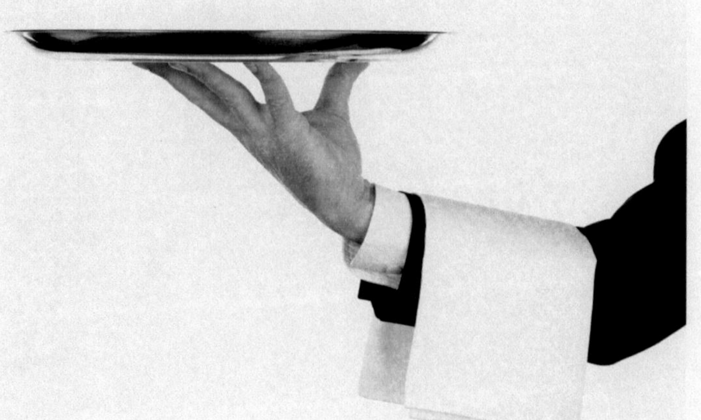

Im Restaurant 2

Restoranda 2

Einen Apfelsaft, bitte.
Eine Limonade, bitte.
Einen Tomatensaft, bitte.

Bir elma suyu, lütfen.
Bir limonata, lütfen.
Bir domates suyu, lütfen.

Ich hätte gern ein Glas Rotwein.
Ich hätte gern ein Glas Weißwein.
Ich hätte gern eine Flasche Sekt.

Bir kadeh kırmızı şarap isterim.
Bir kadeh beyaz şarap isterim.
Bir şişe şampanya isterim.

Magst du Fisch?
Magst du Rindfleisch?
Magst du Schweinefleisch?

Balık sever misin?
Sığır eti sever misin?
Domuz eti sever misin?

Ich möchte etwas ohne Fleisch.
Ich möchte eine Gemüseplatte.
Ich möchte etwas, was nicht lange dauert.

Etsiz bir şey istiyorum.
Bir sebze tabağı istiyorum.
Uzun sürmeyecek bir şeyler istiyorum.

Möchten Sie das mit Reis?
Möchten Sie das mit Nudeln?
Möchten Sie das mit Kartoffeln?

Bunu pilavlı mı istersiniz?
Bunu makarnalı mı istersiniz?
Bunu patatesli mi istersiniz?

Das schmeckt mir nicht.
Das Essen ist kalt.
Das habe ich nicht bestellt.

Bunun lezzetini beğenmedim.
Yemek soğuk.
Bunu sipariş etmedim.

31 [einunddreißig]

31 [otuz bir]

Im Restaurant 3

Restoranda 3

Ich möchte eine Vorspeise.
Ich möchte einen Salat.
Ich möchte eine Suppe.

Bir ordövr istiyorum.
Bir salata istiyorum.
Bir çorba istiyorum.

Ich möchte einen Nachtisch.
Ich möchte ein Eis mit Sahne.
Ich möchte Obst oder Käse.

Bir tatlı istiyorum.
Kremalı dondurma istiyorum.
Meyve veya peynir istiyorum.

Wir möchten frühstücken.
Wir möchten zu Mittag essen.
Wir möchten zu Abend essen.

Kahvaltı yapmak istiyoruz.
Öğle yemeği istiyoruz.
Akşam yemeği istiyoruz.

Was möchten Sie zum Frühstück?
Brötchen mit Marmelade und Honig?
Toast mit Wurst und Käse?

Kahvaltıda ne istersiniz?
Marmelat ve ballı sandviç?
Sosisli ve peynirli tost?

Ein gekochtes Ei?
Ein Spiegelei?
Ein Omelett?

Bir haşlanmış yumurta?
Bir yağda yumurta?
Bir omlet?

Bitte noch einen Joghurt.
Bitte noch Salz und Pfeffer.
Bitte noch ein Glas Wasser.

Lütfen bir yoğurt daha.
Lütfen biraz daha tuz ve biber.
Lütfen bir bardak su daha.

32
[zweiunddreißig]

Im Restaurant 4

32 [otuz iki]

Restoranda 4

Einmal Pommes frites mit Ketchup.
Und zweimal mit Mayonnaise.
Und dreimal Bratwurst mit Senf.

Ketçaplı bir patates kızartması.
Ve iki tane de mayonezli.
Ve üç tane de hardallı sosis.

Was für Gemüse haben Sie?
Haben Sie Bohnen?
Haben Sie Blumenkohl?

Ne tür sebzeleriniz var?
Fasülyeniz var mı?
Karnıbaharınız var mı?

Ich esse gern Mais.
Ich esse gern Gurken.
Ich esse gern Tomaten.

Mısır yemeyi severim.
Salatalık yemeyi severim.
Domates yemeyi severim.

Essen Sie auch gern Lauch?
Essen Sie auch gern Sauerkraut?
Essen Sie auch gern Linsen?

Siz de pırasa sever misiniz?
Siz de lahana turşusu sever misiniz?
Siz de mercimek sever misiniz?

Isst du auch gern Karotten?
Isst du auch gern Brokkoli?
Isst du auch gern Paprika?

Sen de havuç sever misin?
Sen de brokoli sever misin?
Sen de biber sever misin?

Ich mag keine Zwiebeln.
Ich mag keine Oliven.
Ich mag keine Pilze.

Soğan sevmem.
Zeytin sevmem.
Mantar sevmem.

33 [dreiunddreißig]	33 [otuz üç]
Im Bahnhof	Tren istasyonunda

Wann fährt der nächste Zug nach Berlin?	Berlin’e bir sonraki tren ne zaman kalkıyor?
Wann fährt der nächste Zug nach Paris?	Paris’e bir sonraki tren ne zaman kalkıyor?
Wann fährt der nächste Zug nach London?	Londra’ya bir sonraki tren ne zaman kalkıyor?
Um wie viel Uhr fährt der Zug nach Warschau?	Tren Varşova’ya saat kaçta kalkıyor?
Um wie viel Uhr fährt der Zug nach Stockholm?	Tren Stockholm’e saat kaçta kalkıyor?
Um wie viel Uhr fährt der Zug nach Budapest?	Tren Budapeşte’ye saat kaçta kalkıyor?
Ich möchte eine Fahrkarte nach Madrid.	Madrid’e bir bilet istiyorum.
Ich möchte eine Fahrkarte nach Prag.	Prag’a bir bilet istiyorum.
Ich möchte eine Fahrkarte nach Bern.	Bern’e bir bilet istiyorum.
Wann kommt der Zug in Wien an?	Tren kaçta Viyana’ya varıyor?
Wann kommt der Zug in Moskau an?	Tren kaçta Moskova’ya varıyor?
Wann kommt der Zug in Amsterdam an?	Tren kaçta Amsterdam’a varıyor?
Muss ich umsteigen?	Aktarma yapmam lazım mı?
Von welchem Gleis fährt der Zug ab?	Tren hangi perondan kalkıyor?
Gibt es Schlafwagen im Zug?	Trende yataklı vagon var mı?
Ich möchte nur die Hinfahrt nach Brüssel.	Brüksel’e yalnız gidiş bileti istiyorum.
Ich möchte eine Rückfahrkarte nach Kopenhagen.	Kopenhag’a bir geri dönüş bileti istiyorum.
Was kostet ein Platz im Schlafwagen?	Yataklı vagondaki bir yerin ücreti ne kadar?

34 [vierunddreißig]

Im Zug

34 [otuz dört]

Trende

Ist das der Zug nach Berlin? Wann fährt der Zug ab? Wann kommt der Zug in Berlin an?	Bu Berlin'e giden tren mi? Tren ne zaman kalkıyor? Tren Berlin'e ne zaman varıyor?
Verzeihung, darf ich vorbei? Ich glaube, das ist mein Platz. Ich glaube, Sie sitzen auf meinem Platz.	Özür dilerim, geçebilir miyim? Zannedersem burası benim yerim. Zannedersem benim yerimde oturuyorsunuz.
Wo ist der Schlafwagen? Der Schlafwagen ist am Ende des Zuges. Und wo ist der Speisewagen? – Am Anfang.	Yataklı vagon nerde? Yataklı vagon trenin sonunda. Ve yemek vagonu nerede? – Başta.
Kann ich unten schlafen? Kann ich in der Mitte schlafen? Kann ich oben schlafen?	Aşağıda yatabilir miyim? Ortada yatabilir miyim? Yukarıda yatabilir miyim?
Wann sind wir an der Grenze? Wie lange dauert die Fahrt nach Berlin? Hat der Zug Verspätung?	Ne zaman sınırda olacağız? Berlin'e gidiş ne kadar sürüyor? Trenin rötarı var mı?
Haben Sie etwas zu lesen? Kann man hier etwas zu essen und zu trinken bekommen? Würden Sie mich bitte um 7.00 Uhr wecken?	Okuyacak bir şeyiniz var mı? Burada yiyecek ve içecek bir şeyler bulunuyor mu? Beni saat 7.00 de uyandırır mısınız lütfen?

35
[fünfunddreißig]

Am Flughafen

35 [otuz beş]

Havalimanında

Ich möchte einen Flug nach Athen buchen.	Atina'ya bir uçuş rezerve etmek istiyorum.
Ist das ein Direktflug?	Bu aktarmasız bir uçuş mu?
Bitte einen Fensterplatz, Nichtraucher.	Lütfen cam kenarı, sigara içilmeyen bir yer.
Ich möchte meine Reservierung bestätigen.	Rezervasyonumu onaylamak istiyorum.
Ich möchte meine Reservierung stornieren.	Rezervasyonumu iptal etmek istiyorum.
Ich möchte meine Reservierung umbuchen.	Rezervasyonumu değiştirmek istiyorum.
Wann geht die nächste Maschine nach Rom?	Roma'ya bir sonraki uçak ne zaman kalkıyor?
Sind noch zwei Plätze frei?	Hala boş iki yer var mı?
Nein, wir haben nur noch einen Platz frei.	Hayır, sadece bir yerimiz kaldı.
Wann landen wir?	Ne zaman ineceğiz?
Wann sind wir da?	Ne zaman orda olacağız?
Wann fährt ein Bus ins Stadtzentrum?	Şehir merkezine ne zaman otobüs kalkıyor?
Ist das Ihr Koffer?	Bu sizin valiziniz mi?
Ist das Ihre Tasche?	Bu sizin çantanız mı?
Ist das Ihr Gepäck?	Bu sizin bagajınız mı?
Wie viel Gepäck kann ich mitnehmen?	Yanıma ne kadar bagaj alabilirim?
Zwanzig Kilo.	20 kilo.
Was, nur zwanzig Kilo?	Ne, sadece yirmi kilo mu?

36
[sechsunddreißig]

Öffentlicher Nahverkehr

36 [otuz altı]

Toplu taşıma

Wo ist die Bushaltestelle?
Welcher Bus fährt ins Zentrum?
Welche Linie muss ich nehmen?

Otobüs durağı nerede?
Şehir merkezine hangi otobüs gidiyor?
Hangi otobüse binmem lazım?

Muss ich umsteigen?
Wo muss ich umsteigen?
Was kostet ein Fahrschein?

Aktarma yapmam lazım mı?
Nerede aktarma yapmam lazım?
Bilet ücreti ne kadar?

Wie viele Haltestellen sind es bis zum Zentrum?
Sie müssen hier aussteigen.
Sie müssen hinten aussteigen.

Merkeze kadar kaç durak var?
Burada inmeniz lazım.
Arkadan inmeniz lazım.

Die nächste U-Bahn kommt in 5 Minuten.
Die nächste Straßenbahn kommt in 10 Minuten.
Der nächste Bus kommt in 15 Minuten.

Bir sonraki metro treni 5 dakika sonra geliyor.
Bir sonraki tramvay 10 dakika sonra geliyor.
Bir sonraki otobüs 15 dakika sonra geliyor.

Wann fährt die letzte U-Bahn?
Wann fährt die letzte Straßenbahn?
Wann fährt der letzte Bus?

Son metro treni kaçta kalkıyor?
Son tramvay kaçta kalkıyor?
Son otobüs kaçta kalkıyor?

Haben Sie einen Fahrschein?
Einen Fahrschein? – Nein, ich habe keinen.
Dann müssen Sie eine Strafe zahlen.

Biletiniz var mı?
Bilet mi? – Hayır, yok.
O halde ceza ödemeniz gerekir.

37 [siebenunddreißig]

Unterwegs

37 [otuz yedi]

Yolda

Er fährt mit dem Motorrad.	O (erkek) motorsiklet ile gidiyor.
Er fährt mit dem Fahrrad.	O (erkek) bisiklet ile gidiyor.
Er geht zu Fuß.	O (erkek) yayan gidiyor.
Er fährt mit dem Schiff.	O (erkek) gemi ile gidiyor.
Er fährt mit dem Boot.	O (erkek) botla gidiyor.
Er schwimmt.	O (erkek) yüzüyor.
Ist es hier gefährlich?	Burası tehlikeli mi?
Ist es gefährlich, allein zu trampen?	Yalnız başına otostop yapmak tehlikeli mi?
Ist es gefährlich, nachts spazieren zu gehen?	Gece gezmek tehlikeli mi?
Wir haben uns verfahren.	Yolumuzu şaşırdık.
Wir sind auf dem falschen Weg.	Yanlış yoldayız.
Wir müssen umkehren.	Dönmemiz lazım.
Wo kann man hier parken?	Burada nereye park edilebilir?
Gibt es hier einen Parkplatz?	Burada park yeri varmı?
Wie lange kann man hier parken?	Burada ne kadar süreyle park edilebilir?
Fahren Sie Ski?	Kayak kayıyormusunuz?
Fahren Sie mit dem Skilift nach oben?	Yukarıya teleferik ile mi çıkıyorsunuz?
Kann man hier Ski leihen?	Burada kayak kiralanabiliyor mu?

38 [achtunddreißig]

38 [otuz sekiz]

Im Taxi

Takside

Rufen Sie bitte ein Taxi.
Was kostet es bis zum Bahnhof?
Was kostet es bis zum Flughafen?

Lütfen bir taksi çağırınız.
Tren istasyonuna kadarki ücret ne kadar?
Havalimanına kadarki ücret ne kadar?

Bitte geradeaus.
Bitte hier nach rechts.
Bitte dort an der Ecke nach links.

Lütfen dümdüz.
Lütfen burdan sağa.
Lütfen orada köşeden sola.

Ich habe es eilig.
Ich habe Zeit.
Fahren Sie bitte langsamer.

Acelem var.
Vaktim var.
Lütfen daha yavaş gidiniz.

Halten Sie hier bitte.
Warten Sie bitte einen Moment.
Ich bin gleich zurück.

Lütfen burada durunuz.
Lütfen bir dakika bekleyiniz.
Hemen geliyorum.

Bitte geben Sie mir eine Quittung.
Ich habe kein Kleingeld.
Es stimmt so, der Rest ist für Sie.

Lütfen bana bir makbuz veriniz.
Bozuk param yok.
Böyle tamam, üstü sizde kalsın.

Fahren Sie mich zu dieser Adresse.
Fahren Sie mich zu meinem Hotel.
Fahren Sie mich zum Strand.

Beni bu adrese götürünüz.
Beni otelime götürünüz.
Beni plaja götürünüz.

39 [neununddreißig]

39 [otuz dokuz]

Autopanne

Araba arızası

Wo ist die nächste Tankstelle?
Ich habe einen Platten.
Können Sie das Rad wechseln?

Bir sonraki benzinlik nerede?
Lastiğim patladı.
Tekeri değiştirebilir misiniz?

Ich brauche ein paar Liter Diesel.
Ich habe kein Benzin mehr.
Haben Sie einen Reservekanister?

Bir kaç litre mazota ihtiyacım var.
Benzinim bitti.
Yedek bidonunuz var mı?

Wo kann ich telefonieren?
Ich brauche einen Abschleppdienst.
Ich suche eine Werkstatt.

Nereden telefon edebilirim?
Bir çekici servisine ihtiyacım var.
Tamirhane arıyorum.

Es ist ein Unfall passiert.
Wo ist das nächste Telefon?
Haben Sie ein Handy bei sich?

Bir kaza oldu.
Bir sonraki telefon nerede?
Yanınızda cep telefonu var mı?

Wir brauchen Hilfe.
Rufen Sie einen Arzt!
Rufen Sie die Polizei!

Yardıma ihtiyacımız var.
Bir doktor çağırın!
Polis çağırın!

Ihre Papiere, bitte.
Ihren Führerschein, bitte.
Ihren Kfz-Schein, bitte.

Belgeleriniz lütfen.
Sürücü belgeniz lütfen.
Ruhsatınız lütfen.

40 [vierzig]

Nach dem Weg fragen

40 [kırk]

Yol sormak

Entschuldigen Sie!	Affedersiniz!
Können Sie mir helfen?	Bana yardım edebilir misiniz?
Wo gibt es hier ein gutes Restaurant?	Burada iyi bir restoran nerede var?
Gehen Sie links um die Ecke.	Köşeden sola sapın.
Gehen Sie dann ein Stück geradeaus.	Ondan sonra bir parça dümdüz gidin.
Gehen Sie dann hundert Meter nach rechts.	Ondan sonra yüz metre sağa gidin.
Sie können auch den Bus nehmen.	Otobüsle de gidebilirsiniz.
Sie können auch die Straßenbahn nehmen.	Tramvay ile de gidebilirsiniz.
Sie können auch einfach hinter mir herfahren.	Beni takip de edebilirsiniz.
Wie komme ich zum Fußballstadion?	Stadyuma nasıl gidebilirim?
Überqueren Sie die Brücke!	Köprüyü geçin!
Fahren Sie durch den Tunnel!	Tünelden geçin!
Fahren Sie bis zur dritten Ampel.	Üçüncü lambaya kadar gidin.
Biegen Sie dann die erste Straße rechts ab.	Ondan sonra ilk caddeden sağa sapın.
Fahren Sie dann geradeaus über die nächste Kreuzung.	Ondan sonra bir sonraki kavşaktan dümdüz gidin.
Entschuldigung, wie komme ich zum Flughafen?	Affedersiniz, havalimanına nasıl gideceğim?
Am besten nehmen Sie die U-Bahn.	En iyisi metroyla gidin.
Fahren Sie einfach bis zur Endstation.	Son durağa kadar gidin.

41 [einundvierzig]

41 [kırk bir]

Orientierung

Oryantasyon

Wo ist das Fremdenverkehrsamt?	Turizm bürosu nerede?
Haben Sie einen Stadtplan für mich?	Benim için bir şehir planınız var mı?
Kann man hier ein Hotelzimmer reservieren?	Burada bir otel odası rezerve edilebiliyor mu?
Wo ist die Altstadt?	Şehrin eski kesimi nerede?
Wo ist der Dom?	Kilise nerede?
Wo ist das Museum?	Müze nerede?
Wo gibt es Briefmarken zu kaufen?	Pul nereden satın alınabiliyor?
Wo gibt es Blumen zu kaufen?	Çiçek nereden satın alınabiliyor?
Wo gibt es Fahrkarten zu kaufen?	Bilet nereden satın alınabiliyor?
Wo ist der Hafen?	Liman nerede?
Wo ist der Markt?	Pazar nerede?
Wo ist das Schloss?	Şato nerede?
Wann beginnt die Führung?	Rehberli gezi ne zaman başlıyor?
Wann endet die Führung?	Rehberli gezi ne zaman bitiyor?
Wie lange dauert die Führung?	Rehberli gezi ne kadar sürüyor?
Ich möchte einen Führer, der Deutsch spricht.	Almanca konuşan bir rehber istiyorum.
Ich möchte einen Führer, der Italienisch spricht.	İtalyanca konuşan bir rehber istiyorum.
Ich möchte einen Führer, der Französisch spricht.	Fransızca konuşan bir rehber istiyorum.

42
[zweiundvierzig]

Stadtbesichtigun
g

42 [kırk iki]

Şehir turu

Ist der Markt sonntags geöffnet?
Ist die Messe montags geöffnet?
Ist die Ausstellung dienstags geöffnet?

Pazaryeri Pazar günleri açık mı?
Fuar Pazartesi günleri açık mı?
Sergi Salı günleri açık mı?

Hat der Zoo mittwochs geöffnet?
Hat das Museum donnerstags geöffnet?
Hat die Galerie freitags geöffnet?

Hayvanat Bahçesi Çarşamba günleri açık mı?
Müze Perşembe günleri açık mı?
Galeri Cuma günleri açık mı?

Darf man fotografieren?
Muss man Eintritt bezahlen?
Wie viel kostet der Eintritt?

Resim çekmeye izin var mı?
Giriş ücreti ödemek gerekiyormu?
Giriş ücreti ne kadar?

Gibt es eine Ermäßigung für Gruppen?
Gibt es eine Ermäßigung für Kinder?
Gibt es eine Ermäßigung für Studenten?

Gruplar için bir indirim var mı?
Çocuklar için bir indirim var mı?
Üniversite öğrencileri için bir indirim var mı?

Was für ein Gebäude ist das?
Wie alt ist das Gebäude?
Wer hat das Gebäude gebaut?

Bu ne binası?
Bina ne kadar eski?
Binayı kim yaptı?

Ich interessiere mich für Architektur.
Ich interessiere mich für Kunst.
Ich interessiere mich für Malerei.

Ben mimarlıkla ilgileniyorum.
Ben sanat ile ilgileniyorum.
Resim ile ilgileniyorum.

43 [dreiundvierzig]

43 [kırk üç]

Im Zoo

Hayvanat bahçesinde

Dort ist der Zoo.	Hayvanat bahçesi orada.
Dort sind die Giraffen.	Zürafalar orada.
Wo sind die Bären?	Ayılar nerede?
Wo sind die Elefanten?	Filler nerede?
Wo sind die Schlangen?	Yılanlar nerede?
Wo sind die Löwen?	Aslanlar nerede?
Ich habe einen Fotoapparat.	Fotoğraf makinem var.
Ich habe auch eine Filmkamera.	Film kameram da var.
Wo ist eine Batterie?	Pil nerede?
Wo sind die Pinguine?	Penguenler nerede?
Wo sind die Kängurus?	Kangurular nerede?
Wo sind die Nashörner?	Gergedanlar nerede?
Wo ist eine Toilette?	Tuvalet nerede?
Dort ist ein Café.	Orada bir kafe var.
Dort ist ein Restaurant.	Orada bir restoran var.
Wo sind die Kamele?	Develer nerede?
Wo sind die Gorillas und die Zebras?	Goriller ve zebralar nerede?
Wo sind die Tiger und die Krokodile?	Kaplanlar ve timsahlar nerede?

44 [vierundvierzig]

44 [kırk dört]

Abends ausgehen

Gece çıkmak

Gibt es hier eine Diskothek?	Burada bir disko var mı?
Gibt es hier einen Nachtclub?	Burada bir gece klubü var mı?
Gibt es hier eine Kneipe?	Burada bir birahane var mı?
Was gibt es heute Abend im Theater?	Tiyatroda bu akşam ne var?
Was gibt es heute Abend im Kino?	Sinemada bu akşam ne var?
Was gibt es heute Abend im Fernsehen?	Televizyonda bu akşam ne var?
Gibt es noch Karten fürs Theater?	Tiyatro için daha bilet var mı?
Gibt es noch Karten fürs Kino?	Sinema için daha bilet var mı?
Gibt es noch Karten für das Fußballspiel?	Maç için daha bilet var mı?
Ich möchte ganz hinten sitzen.	En arkada oturmak istiyorum.
Ich möchte irgendwo in der Mitte sitzen.	Ortada herhangi bir yerde oturmak istiyorum.
Ich möchte ganz vorn sitzen.	En önde oturmak istiyorum.
Können Sie mir etwas empfehlen?	Bana bir şey tavsiye edebilir misiniz?
Wann beginnt die Vorstellung?	Gösteri ne zaman başlıyor?
Können Sie mir eine Karte besorgen?	Bana bir bilet temin edebilir misiniz?
Ist hier in der Nähe ein Golfplatz?	Burada yakında bir golf sahası var mı?
Ist hier in der Nähe ein Tennisplatz?	Burada yakında bir tenis sahası var mı?
Ist hier in der Nähe ein Hallenbad?	Burada yakında kapalı bir yüzme havuzu var mı?

45 [fünfundvierzig]

Im Kino

45 [kırk beş]

Sinemada

Wir wollen ins Kino.
Heute läuft ein guter Film.
Der Film ist ganz neu.

Sinemaya gitmek istiyoruz.
Bugün güzel bir film oynuyor.
Film çok yeni.

Wo ist die Kasse?
Gibt es noch freie Plätze?
Was kosten die Eintrittskarten?

Kasa nerede?
Daha boş yerler var mı?
Bilet ücretleri ne kadar?

Wann beginnt die Vorstellung?
Wie lange dauert der Film?
Kann man Karten reservieren?

Gösteri ne zaman başlıyor?
Film ne kadar sürüyor?
Bilet rezerve edilebiliyor mu?

Ich möchte hinten sitzen.
Ich möchte vorn sitzen.
Ich möchte in der Mitte sitzen.

Ben arkada oturmak istiyorum.
Ben önde oturmak istiyorum.
Ben ortada oturmak istiyorum.

Der Film war spannend.
Der Film war nicht langweilig.
Aber das Buch zum Film war besser.

Film heyecanlıydı.
Film sıkıcı değildi.
Ama filmin romanı daha iyiydi.

Wie war die Musik?
Wie waren die Schauspieler?
Gab es Untertitel in englischer Sprache?

Müziği nasıldı?
Oyuncular nasıldı?
İngilizce altyazı var mıydı?

46 [sechsundvierzig]

In der Diskothek

46 [kırk altı]

Diskoda

Ist der Platz hier frei?	Burası boş mu?
Darf ich mich zu Ihnen setzen?	Yanınıza oturabilir miyim?
Gern.	Memnuniyetle.
Wie finden Sie die Musik?	Müziği nasıl buluyorsunuz?
Ein bisschen zu laut.	Biraz fazla gürültülü.
Aber die Band spielt ganz gut.	Ama orkestra çok iyi çalıyor.
Sind Sie öfter hier?	Buraya sık sık gelir misiniz?
Nein, das ist das erste Mal.	Hayır, bu ilk sefer.
Ich war noch nie hier.	Buraya hiç gelmedim.
Tanzen Sie?	Dans eder misiniz?
Später vielleicht.	Belki daha sonra.
Ich kann nicht so gut tanzen.	Ben iyi dans edemiyorum.
Das ist ganz einfach.	Bu çok basit.
Ich zeige es Ihnen.	Size göstereyim.
Nein, lieber ein anderes Mal.	Hayır, en iyisi başka bir sefere.
Warten Sie auf jemand?	Birini mi bekliyorsunuz?
Ja, auf meinen Freund.	Evet, arkadaşımı.
Da hinten kommt er ja!	Ordan arkadan geliyor ya! (erkek için)

47 [siebenundvierzig]

Reisevorbereitungen

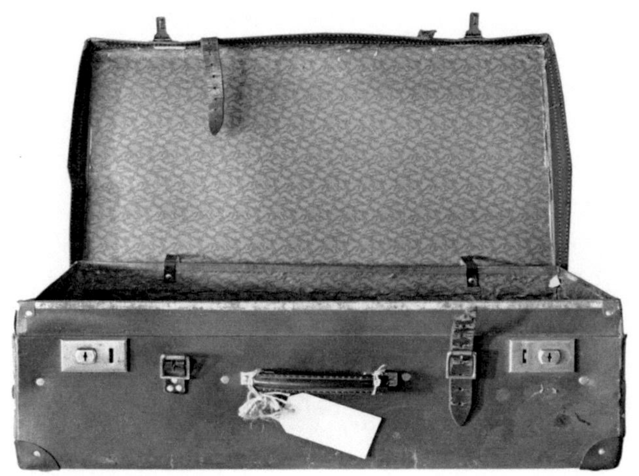

47 [kırk yedi]

Seyahat hazırlıkları

Du musst unseren Koffer packen!	Bavullarımızı hazırlaman lazım!
Du darfst nichts vergessen!	Bir şey unutmaman lazım!
Du brauchst einen großen Koffer!	Sana büyük bir bavul lazım!
Vergiss nicht den Reisepass!	Pasaportu unutma!
Vergiss nicht das Flugticket!	Uçak biletini unutma!
Vergiss nicht die Reiseschecks!	Seyahat çeklerini unutma!
Nimm Sonnencreme mit.	Yanına güneş kremi al.
Nimm die Sonnenbrille mit.	Yanına güneş gözlüğü al.
Nimm den Sonnenhut mit.	Yanına güneş şapkası al.
Willst du eine Straßenkarte mitnehmen?	Yanına bir yol haritası almak istiyor musun?
Willst du einen Reiseführer mitnehmen?	Yanına bir rehber almak istiyor musun?
Willst du einen Regenschirm mitnehmen?	Yanına bir şemsiye almak istiyor musun?
Denk an die Hosen, die Hemden, die Socken.	Pantolonları, gömlekleri, çorapları unutma.
Denk an die Krawatten, die Gürtel, die Sakkos.	Kravatları, kemerleri, ceketleri unutma.
Denk an die Schlafanzüge, die Nachthemden und die T-Shirts.	Pijamaları, gecelikleri ve tişörtleri unutma.
Du brauchst Schuhe, Sandalen und Stiefel.	Sana ayakkabı, sandalet ve çizme lazım.
Du brauchst Taschentücher, Seife und eine Nagelschere.	Sana mendil, sabun ve bir tırnak makası lazım.
Du brauchst einen Kamm, eine Zahnbürste und Zahnpasta.	Sana tarak, diş fırçası ve diş macunu lazım.

48 [achtundvierzig]

48 [kırk sekiz]

Urlaubsaktivitäten

Tatil aktiviteleri

Ist der Strand sauber?	Plaj temizmi?
Kann man dort baden?	Oradan denize girilebiliyor mu?
Ist es nicht gefährlich, dort zu baden?	Oradan denize girmek tehlikeli mi?
Kann man hier einen Sonnenschirm leihen?	Burada güneş semsiyesi kiralanabiliyor mu?
Kann man hier einen Liegestuhl leihen?	Burada şezlong kiralanabiliyor mu?
Kann man hier ein Boot leihen?	Burada bir bot kiralanabiliyor mu?
Ich würde gern surfen.	Sörf yapmak isterdim.
Ich würde gern tauchen.	Dalmak isterdim.
Ich würde gern Wasserski fahren.	Su kayağı yapmak isterdim.
Kann man ein Surfbrett mieten?	Sörf tahtası kiralanabiliyor mu?
Kann man eine Taucherausrüstung mieten?	Dalgıç teçhizatı kiralanabiliyor mu?
Kann man Wasserskier mieten?	Su kayağı kiralanabiliyor mu?
Ich bin erst Anfänger.	Ben henüz acemiyim.
Ich bin mittelgut.	Orta derecedeyim.
Ich kenne mich damit schon aus.	Buna aşinalığım var.
Wo ist der Skilift?	Teleferik nerede?
Hast du denn Skier dabei?	Kayakların yanında mı?
Hast du denn Skischuhe dabei?	Kayak ayakkabıların yanında mı?

49 [neunundvierzig]

Sport

49 [kırk dokuz]

Spor

Treibst du Sport?
Ja, ich muss mich bewegen.
Ich gehe in einen Sportverein.

Spor yapıyor musun?
Evet, hareket etmeliyim.
Bir spor kulübüne gidiyorum.

Wir spielen Fußball.
Manchmal schwimmen wir.
Oder wir fahren Rad.

Futbol oynuyoruz.
Bazen yüzüyoruz.
Veya bisiklete biniyoruz.

In unserer Stadt gibt es ein Fußballstadion.
Es gibt auch ein Schwimmbad mit Sauna.
Und es gibt einen Golfplatz.

Şehrimizde bir futbol stadyumu var.
Saunalı bir yüzme havuzu da var.
Ve bir golf sahası var.

Was gibt es im Fernsehen?
Gerade gibt es ein Fußballspiel.
Die deutsche Mannschaft spielt gegen die englische.

Televizyonda ne var?
Şu anda bir futbol maçı var.
Alman takımı İngilizlere karşı oynuyor.

Wer gewinnt?
Ich habe keine Ahnung.
Im Moment steht es unentschieden.

Kim kazanıyor?
Haberim yok.
Şu anda berabere.

Der Schiedsrichter kommt aus Belgien.
Jetzt gibt es einen Elfmeter.
Tor! Eins zu null!

Hakem Belçikalı.
Şimdi bir penaltı var.
Gol! Bir sıfır!

50 [fünfzig]

50 [elli]

Im Schwimmbad

Yüzme havuzunda

Heute ist es heiß.
Gehen wir ins Schwimmbad?
Hast du Lust, schwimmen zu gehen?

Bugün (hava) sıcak.
Yüzme havuzuna gidelim mi?
Yüzmeye gitmek ister misin?

Hast du ein Handtuch?
Hast du eine Badehose?
Hast du einen Badeanzug?

Havlun var mı?
Mayon var mı? (erkek mayosu)
Mayon var mı? (kadın mayosu)

Kannst du schwimmen?
Kannst du tauchen?
Kannst du ins Wasser springen?

Yüzme biliyor musun?
Dalabiliyor musun?
Suya atlayabiliyor musun?

Wo ist die Dusche?
Wo ist die Umkleidekabine?
Wo ist die Schwimmbrille?

Duş nerede?
Soyunma kabini nerede?
Deniz gözlüğü nerede?

Ist das Wasser tief?
Ist das Wasser sauber?
Ist das Wasser warm?

Su derin mi?
Su temiz mi?
Su sıcak mı?

Ich friere.
Das Wasser ist zu kalt.
Ich gehe jetzt aus dem Wasser.

Üşüyorum.
Su soğuk.
Artık sudan çıkıyorum.

51 [einundfünfzig]	51 [elli bir]
Besorgungen machen	Alışveriş yapmak

Ich will in die Bibliothek.	Kütüphaneye gitmek istiyorum.
Ich will in die Buchhandlung.	Kitapçıya gitmek istiyorum.
Ich will zum Kiosk.	Gazete satıcısına gitmek istiyorum.
Ich will ein Buch leihen.	Bir kitap kiralamak istıyorum.
Ich will ein Buch kaufen.	Bir kitap satın almak istiyorum.
Ich will eine Zeitung kaufen.	Bir gazete satın almak istiyorum.
Ich will in die Bibliothek, um ein Buch zu leihen.	Bir kitap kiralamak için kütüphaneye gitmek istiyorum.
Ich will in die Buchhandlung, um ein Buch zu kaufen.	Bir kitap satın almak için kitapçıya gitmek istiyorum.
Ich will zum Kiosk, um eine Zeitung zu kaufen.	Bir gazete satın almak için gazeteciye gitmek istiyorum.
Ich will zum Optiker.	Gözlükçüye gitmek istiyorum.
Ich will zum Supermarkt.	Markete gitmek istiyorum.
Ich will zum Bäcker.	Fırına gitmek istiyorum.
Ich will eine Brille kaufen.	Bir gözlük satın almak istiyorum.
Ich will Obst und Gemüse kaufen.	Meyve ve sebze satın almak istiyorum.
Ich will Brötchen und Brot kaufen.	Sandviç ekmeği ve ekmek satın almak istiyorum.
Ich will zum Optiker, um eine Brille zu kaufen.	Gözlük almak için gözlükçüye gitmek istiyorum.
Ich will zum Supermarkt, um Obst und Gemüse zu kaufen.	Meyve ve sebze satın almak için markete gitmek istiyorum.
Ich will zum Bäcker, um Brötchen und Brot zu kaufen.	Sandviç ekmeği ve ekmek satın almak için fırına gitmek istiyorum.

52
[zweiundfünfzig]

Im Kaufhaus

52 [elli iki]

Alışveriş merkezinde

Gehen wir in ein Kaufhaus?
Ich muss Einkäufe machen.
Ich will viel einkaufen.

Bir alışveriş merkezine gidelim mi?
Alışveriş yapmam lazım.
Çok şey satın almak istiyorum.

Wo sind die Büroartikel?
Ich brauche Briefumschläge und Briefpapier.
Ich brauche Kulis und Filzstifte.

Büro malzemeleri ne tarafta?
Mektup zarfı ve kâğıdına ihtiyacım var.
Tükenmez ve keçeli kalemler lazım.

Wo sind die Möbel?
Ich brauche einen Schrank und eine Kommode.
Ich brauche einen Schreibtisch und ein Regal.

Mobilyalar nerede?
Bir dolap ve komodine ihtiyacım var.
Yazı masası ve rafa ihtiyacım var.

Wo sind die Spielsachen?
Ich brauche eine Puppe und einen Teddybär.
Ich brauche einen Fußball und ein Schachspiel.

Oyuncaklar ne tarafta?
Bir bebek ve oyuncak ayıya ihtiyacım var.
Bir futbol topu ve satranç takımına ihtiyacım var.

Wo ist das Werkzeug?
Ich brauche einen Hammer und eine Zange.
Ich brauche einen Bohrer und einen Schraubenzieher.

Aletler ne tarafta?
Bir çekiç ve kerpetene ihtiyacım var.
Bir matkap ve tornavidaya ihtiyacım var.

Wo ist der Schmuck?
Ich brauche eine Kette und ein Armband.
Ich brauche einen Ring und Ohrringe.

Mücevherat nerede?
Bir zincir ve bileziğe ihtiyacım var.
Bir yüzük ve küpelere ihtiyacım var.

53 [dreiundfünfzig]

53 [elli üç]

Geschäfte

Mağazalar

Wir suchen ein Sportgeschäft. Wir suchen eine Fleischerei. Wir suchen eine Apotheke.	Bir spor mağazası arıyoruz. Bir kasap arıyoruz. Bir eczane arıyoruz.
Wir möchten nämlich einen Fußball kaufen. Wir möchten nämlich Salami kaufen. Wir möchten nämlich Medikamente kaufen.	Zira bir futbol topu satın almak istiyoruz. Zira salam satın almak istiyoruz. Zira ilaç satın almak istiyoruz.
Wir suchen ein Sportgeschäft, um einen Fußball zu kaufen. Wir suchen eine Fleischerei, um Salami zu kaufen. Wir suchen eine Apotheke, um Medikamente zu kaufen.	Futbol topu satın almak için spor mağazası arıyoruz. Salam satın almak için kasap arıyoruz. İlaç satın almak için eczane arıyoruz.
Ich suche einen Juwelier. Ich suche ein Fotogeschäft. Ich suche eine Konditorei.	Bir kuyumcu arıyorum. Bir fotoğrafçı arıyorum. Bir pastane arıyorum.
Ich habe nämlich vor, einen Ring zu kaufen. Ich habe nämlich vor, einen Film zu kaufen. Ich habe nämlich vor, eine Torte zu kaufen.	Çünkü bir yüzük satın almayı düşünüyorum. Çünkü bir film satın almayı düşünüyorum. Çünkü bir pasta almayı düşünüyorum.
Ich suche einen Juwelier, um einen Ring zu kaufen. Ich suche ein Fotogeschäft, um einen Film zu kaufen. Ich suche eine Konditorei, um eine Torte zu kaufen.	Bir yüzük satın almak için kuyumcu arıyorum. Bir film satın almak için fotoğrafçı arıyorum. Bir pasta satın almak için pastane arıyorum.

54 [vierundfünfzig]

54 [elli dört]

Einkaufen

Alışveriş yapmak

Ich möchte ein Geschenk kaufen.	Bir hediye almak istiyorum.
Aber nichts allzu Teueres.	Ama çok fazla pahalı olmayan.
Vielleicht eine Handtasche?	Belki bir el çantası?
Welche Farbe möchten Sie?	Hangi rengi istersiniz?
Schwarz, braun oder weiß?	Siyah, kahverengi veya beyaz?
Eine große oder eine kleine?	Büyük veya küçük?
Darf ich diese mal sehen?	Bunu bir görebilir miyim?
Ist die aus Leder?	Bu deriden mi?
Oder ist die aus Kunststoff?	Yoksa plastikten mi?
Aus Leder natürlich.	Deri tabii.
Das ist eine besonders gute Qualität.	Bu özellikle iyi bir kalite.
Und die Handtasche ist wirklich sehr preiswert.	Ve bu el çantasının fiatı gerçekten uygun.
Die gefällt mir.	Bu hoşuma gitti.
Die nehme ich.	Bunu alıyorum.
Kann ich die eventuell umtauschen?	Bunu gerekirse değiştirebilir miyim?
Selbstverständlich.	Tabiî ki.
Wir packen sie als Geschenk ein.	Hediye olarak paketleyeceğiz.
Dort drüben ist die Kasse.	Kasa orada karşıda.

55
[fünfundfünfzig]

Arbeiten

55 [elli beş]

Çalışmak

Was machen Sie beruflich?	Meslek olarak ne yapıyorsunuz?
Mein Mann ist Arzt von Beruf.	Kocam doktor.
Ich arbeite halbtags als Krankenschwester.	Ben yarım gün hemşire olarak çalışıyorum.
Bald bekommen wir Rente.	Yakında emekli olacağız.
Aber die Steuern sind hoch.	Ama vergiler yüksek.
Und die Krankenversicherung ist hoch.	Ve hastalık sigortası yüksek.
Was willst du einmal werden?	Ne olmak istiyorsun?
Ich möchte Ingenieur werden.	Mühendis olmak istiyorum.
Ich will an der Universität studieren.	Üniversitede okumak istiyorum.
Ich bin Praktikant.	Ben stajyerim.
Ich verdiene nicht viel.	Fazla kazanmıyorum.
Ich mache ein Praktikum im Ausland.	Yurt dışında staj yapıyorum.
Das ist mein Chef.	Bu benim şefim.
Ich habe nette Kollegen.	Hoş arkadaşlarım var.
Mittags gehen wir immer in die Kantine.	Öğlenleri hep kantine gidiyoruz.
Ich suche eine Stelle.	İş arıyorum.
Ich bin schon ein Jahr arbeitslos.	Bir yıldır işsizim.
In diesem Land gibt es zu viele Arbeitslose.	Bu ülkede çok işsiz var.

56
[sechsundfünfzig]

Gefühle

56 [elli altı]

Duygular

Lust haben	Zevk, haz almak
Wir haben Lust.	Zevk alıyoruz.
Wir haben keine Lust.	Zevk almıyoruz.
Angst haben	Korkmak
Ich habe Angst.	Ben korkuyorum.
Ich habe keine Angst.	Korkmuyorum.
Zeit haben	Zamanı olmak
Er hat Zeit.	Onun (erkek) zamanı var.
Er hat keine Zeit.	Onun (erkek) zamanı yok.
Langeweile haben	Canı sıkılmak
Sie hat Langeweile.	Canı sıkılıyor.
Sie hat keine Langeweile.	Canı sıkılmıyor.
Hunger haben	Acıkmak
Habt ihr Hunger?	Aç mısınız? (çoğul)
Habt ihr keinen Hunger?	Aç değil misiniz? (çoğul)
Durst haben	Susamak
Sie haben Durst.	Susamışlar.
Sie haben keinen Durst.	Susamamışlar.

57
[siebenundfünfzig]

Beim Arzt

57 [elli yedi]

Doktorda

Ich habe einen Termin beim Arzt.
Ich habe den Termin um zehn Uhr.
Wie ist Ihr Name?

Doktorda randevum var.
Saat onda randevum var.
Adınız ne?

Bitte nehmen Sie im Wartezimmer Platz.
Der Arzt kommt gleich.
Wo sind Sie versichert?

Lütfen bekleme odasında bekleyiniz.
Doktor hemen geliyor.
Nerede sigortalısınız?

Was kann ich für Sie tun?
Haben Sie Schmerzen?
Wo tut es weh?

Sizin için ne yapabilirim?
Ağrınız var mı?
Neresi acıyor?

Ich habe immer Rückenschmerzen.
Ich habe oft Kopfschmerzen.
Ich habe manchmal Bauchschmerzen.

Devamlı sırt ağrım var.
Sık sık baş ağrım var.
Bazen karın ağrım var.

Machen Sie bitte den Oberkörper frei!
Legen Sie sich bitte auf die Liege!
Der Blutdruck ist in Ordnung.

Lütfen vücudunuzun üst kısmını açınız!
Lütfen sedyeye uzanınız!
Tansiyon normal.

Ich gebe Ihnen eine Spritze.
Ich gebe Ihnen Tabletten.
Ich gebe Ihnen ein Rezept für die Apotheke.

Size bir iğne yapacağım.
Size tablet vereceğim.
Size eczane için bir reçete yazacağım.

58
[achtundfünfzig]

Körperteile

58 [elli sekiz]

Vücudun bölümleri

Ich zeichne einen Mann.
Zuerst den Kopf.
Der Mann trägt einen Hut.

Bir adam resmi yapıyorum.
Önce kafasını.
Adamın şapkası var.

Die Haare sieht man nicht.
Die Ohren sieht man auch nicht.
Den Rücken sieht man auch nicht.

Saçlar gözükmüyor.
Kulaklar da gözükmüyor.
Sırt da gözükmüyor.

Ich zeichne die Augen und den Mund.
Der Mann tanzt und lacht.
Der Mann hat eine lange Nase.

Gözleri ve ağızı çiziyorum.
Adam dans ediyor ve gülüyor.
Adamın uzun bir burnu var.

Er trägt einen Stock in den Händen.
Er trägt auch einen Schal um den Hals.
Es ist Winter und es ist kalt.

Elinde bir baston var.
Boğazında da bir şal var.
Kış ve hava soğuk.

Die Arme sind kräftig.
Die Beine sind auch kräftig.
Der Mann ist aus Schnee.

Kolları kuvvetli.
Bacakları da kuvvetli.
Adam kardan.

Er trägt keine Hose und keinen Mantel.
Aber der Mann friert nicht.
Er ist ein Schneemann.

Pantolonu ve paltosu yok.
Ama adam üşümüyor.
O bir kardan adam.

59
[neunundfünfzig]

Im Postamt

59 [elli dokuz]

Postanede

Wo ist das nächste Postamt?
Ist es weit bis zum nächsten Postamt?
Wo ist der nächste Briefkasten?

Bir sonraki postane nerede?
Bir sonraki postane uzak mı?
Bir sonraki posta kutusu nerede?

Ich brauche ein paar Briefmarken.
Für eine Karte und einen Brief.
Wie teuer ist das Porto nach Amerika?

Bir kaç pula ihtiyacım var.
Bir kartpostal ve bir mektup için.
Amerikaya posta ücreti ne kadar?

Wie schwer ist das Paket?
Kann ich es per Luftpost schicken?
Wie lange dauert es, bis es ankommt?

Paketin ağırlığı ne kadar?
Havayolu ile gönderebilir miyim?
Yerine ulaşması ne kadar sürüyor?

Wo kann ich telefonieren?
Wo ist die nächste Telefonzelle?
Haben Sie Telefonkarten?

Nereden telefon edebilirim?
Bir sonraki telefon kulübesi nerede?
Telefon kartınız var mı?

Haben Sie ein Telefonbuch?
Kennen Sie die Vorwahl von Österreich?
Einen Augenblick, ich schau mal nach.

Telefon rehberiniz var mı?
Avusturya'nın kodunu biliyor musunuz?
Bir dakika, bakayım.

Die Leitung ist immer besetzt.
Welche Nummer haben Sie gewählt?
Sie müssen zuerst die Null wählen!

Hat hep meşgul.
Hangi numarayı aradınız?
Önce sıfır çevirmeniz lazım!

60 [sechzig]

60 [altmış]

In der Bank

Bankada

Ich möchte ein Konto eröffnen.	Bir hesap açtırmak istiyorum.
Hier ist mein Pass.	İşte pasaportum.
Und hier ist meine Adresse.	Ve işte adresim.
Ich möchte Geld auf mein Konto einzahlen.	Hesabıma para yatırmak istiyorum.
Ich möchte Geld von meinem Konto abheben.	Hesabımdan para çekmek istiyorum.
Ich möchte die Kontoauszüge abholen.	Hesap ekstrelerini almak istiyorum.
Ich möchte einen Reisescheck einlösen.	Seyahat çeki bozdurmak istiyorum.
Wie hoch sind die Gebühren?	Masrafları ne kadar?
Wo muss ich unterschreiben?	Nereyi imzalamam gerekiyor?
Ich erwarte eine Überweisung aus Deutschland.	Almanya'dan bir havale bekliyorum.
Hier ist meine Kontonummer.	Hesap numaram burada.
Ist das Geld angekommen?	Para geldi mi?
Ich möchte dieses Geld wechseln.	Bu parayı bozdurmak istiyorum.
Ich brauche US-Dollar.	Amerikan dolarına ihtiyacım var.
Bitte geben Sie mir kleine Scheine.	Lütfen bana küçük banknotlar veriniz.
Gibt es hier einen Geldautomat?	Burada bir para makinesi var mı?
Wie viel Geld kann man abheben?	Ne kadar para çekilebilir?
Welche Kreditkarten kann man benutzen?	Hangi kredi kartları kullanılabilir?

61 [einundsechzig]

Ordinalzahlen

61 [altmış bir]

Sıralama sayıları

Der erste Monat ist der Januar.
Der zweite Monat ist der Februar.
Der dritte Monat ist der März.

Ilk ay Ocaktır.
Ikinci ay Şubattır.
Üçüncü ay Marttır.

Der vierte Monat ist der April.
Der fünfte Monat ist der Mai.
Der sechste Monat ist der Juni.

Dördüncü ay Nisandır.
Beşinci ay Mayıstır.
Altıncı ay Hazirandır.

Sechs Monate sind ein halbes Jahr.
Januar, Februar, März,
April, Mai und Juni.

Altı ay yarım yıldır.
Ocak, Şubat, Mart,
Nisan, Mayıs ve Haziran.

Der siebte Monat ist der Juli.
Der achte Monat ist der August.
Der neunte Monat ist der September.

Yedinci ay Temmuzdur.
Sekizinci ay Ağustostur.
Dokuzuncu ay Eylüldür.

Der zehnte Monat ist der Oktober.
Der elfte Monat ist der November.
Der zwölfte Monat ist der Dezember.

Onuncu ay Ekimdir.
Onbirinci ay Kasımdır.
Onikinci ay Aralıktır.

Zwölf Monate sind ein Jahr.
Juli, August, September,
Oktober, November und Dezember.

Oniki ay bir yıldır.
Temmuz, Ağustos, Eylül,
Ekim, Kasım ve Aralık.

62 [zweiundsechzig]

Fragen stellen 1

62 [altmış iki]

Soru sormak 1

lernen Lernen die Schüler viel? Nein, sie lernen wenig.	Öğrenmek Öğrenciler çok mu öğreniyor? Hayır, az öğreniyorlar.
fragen Fragen Sie oft den Lehrer? Nein, ich frage ihn nicht oft.	sormak Öğretmene sık sık soru soruyor musunuz? Hayır, sık sık sormuyorum.
antworten Antworten Sie, bitte. Ich antworte.	cevaplamak Cevap veriniz, lütfen. Cevap veriyorum.
arbeiten Arbeitet er gerade? Ja, er arbeitet gerade.	Çalışmak Şu anda çalışıyor mu? Evet, şu anda çalışıyor.
kommen Kommen Sie? Ja, wir kommen gleich.	gelmek Geliyor musunuz? Evet, hemen geliyoruz.
wohnen Wohnen Sie in Berlin? Ja, ich wohne in Berlin.	oturmak (ikamet anlamında) Berlin'de mi oturuyorsunuz? Evet, Berlin'de oturuyorum.

63
[dreiundsechzig]

Fragen stellen 2

63 [altmış üç]

Soru sormak 2

Ich habe ein Hobby.	Benim bir hobim var.
Ich spiele Tennis.	Tenis oynuyorum.
Wo ist ein Tennisplatz?	Nerede bir tenis sahası var?
Hast du ein Hobby?	Senin bir hobin var mı?
Ich spiele Fußball.	Ben futbol oynuyorum.
Wo ist ein Fußballplatz?	Nerede bir futbol sahası var?
Mein Arm tut weh.	Kolum ağrıyor.
Mein Fuß und meine Hand tun auch weh.	Ayağım ve elim de ağrıyor.
Wo ist ein Doktor?	Nerede doktor var?
Ich habe ein Auto.	Benim arabam var.
Ich habe auch ein Motorrad.	Bir motorsikletim de var.
Wo ist ein Parkplatz?	Nerede bir park yeri var?
Ich habe einen Pullover.	Bir kazağım var.
Ich habe auch eine Jacke und eine Jeans.	Bir ceketim ve kot pantolonum da var.
Wo ist die Waschmaschine?	Nerede bir çamaşır makinesi var?
Ich habe einen Teller.	Benim bir tabağım var.
Ich habe ein Messer, eine Gabel und einen Löffel.	Bir bıçağım, çatalım ve bir kaşığım var.
Wo sind Salz und Pfeffer?	Tuz ve biber nerde?

64
[vierundsechzig]

Verneinung 1

64 [altmış dört]

Olumsuz yanıt 1

Ich verstehe das Wort nicht.	Sözcüğü anlamıyorum.
Ich verstehe den Satz nicht.	Cümleyi anlamıyorum.
Ich verstehe die Bedeutung nicht.	Anlamını anlamıyorum.
der Lehrer	Öğretmen (erkek)
Verstehen Sie den Lehrer?	Öğretmeni anlıyor musunuz?
Ja, ich verstehe ihn gut.	Evet, onu (erkek) iyi anlıyorum.
die Lehrerin	Öğretmen (kadın)
Verstehen Sie die Lehrerin?	Öğretmeni (kadın) anlıyor musunuz?
Ja, ich verstehe sie gut.	Evet, onu (kadın) iyi anlıyorum.
die Leute	insanlar
Verstehen Sie die Leute?	Insanları anlıyor musunuz?
Nein, ich verstehe sie nicht so gut.	Hayır, pek anlamıyorum.
die Freundin	kız arkadaş
Haben Sie eine Freundin?	Kız arkadaşınız var mı?
Ja, ich habe eine.	Evet, var.
die Tochter	kız çocuk
Haben Sie eine Tochter?	Kız çocuğunuz var mı?
Nein, ich habe keine.	Hayır, yok.

65 [fünfundsechzig]

Verneinung 2

yes
no
maybe

65 [altmış beş]

Olumsuz yanıt 2

Ist der Ring teuer?
Nein, er kostet nur hundert Euro.
Aber ich habe nur fünfzig.

Yüzük pahalı mı?
Hayır, sadece 100 Avro.
Ama bende sadece elli var.

Bist du schon fertig?
Nein, noch nicht.
Aber gleich bin ich fertig.

Hazır mısın?
Hayır, henüz değil.
Ama hemen hazır olurum.

Möchtest du noch Suppe?
Nein, ich will keine mehr.
Aber noch ein Eis.

Daha çorba istermisin?
Hayır, istemem.
Ama bir dondurma daha isterim.

Wohnst du schon lange hier?
Nein, erst einen Monat.
Aber ich kenne schon viele Leute.

Uzun zamandır mı burada oturuyorsun?
Hayır, bir aydır.
Ama şimdiden birçok insan tanıyorum.

Fährst du morgen nach Hause?
Nein, erst am Wochenende.
Aber ich komme schon am Sonntag zurück.

Yarın eve gidecek misin?
Hayır, ancak hafta sonunda.
Ama daha Pazar günü döneceğim.

Ist deine Tochter schon erwachsen?
Nein, sie ist erst siebzehn.
Aber sie hat schon einen Freund.

Kızın yetişkin mi?
Hayır, daha on yedisinde.
Ama şimdiden erkek arkadaşı var.

66
[sechsundsechzig]

Possessivpronomen 1

66 [altmış altı]

İyelik zamiri 1

ich – mein
Ich finde meinen Schlüssel nicht.
Ich finde meine Fahrkarte nicht.

ben – benim
Anahtarımı bulamıyorum.
Biletimi bulamıyorum.

du – dein
Hast du deinen Schlüssel gefunden?
Hast du deine Fahrkarte gefunden?

sen – senin
Anahtarını buldun mu?
Biletini buldun mu?

er – sein
Weißt du, wo sein Schlüssel ist?
Weißt du, wo seine Fahrkarte ist?

o – onun (erkek)
Onun anahtarının (erkek) nerede olduğunu biliyor musun?
Onun biletinin (erkek) nerede olduğuunu biliyor musun?

sie – ihr
Ihr Geld ist weg.
Und ihre Kreditkarte ist auch weg.

o – onun (kadın)
Onun (kadın) parası gitti.
Ve onun (kadın) kredikartı da gitti.

wir – unser
Unser Opa ist krank.
Unsere Oma ist gesund.

biz – bizim
Büyük babamız hasta.
Büyük annemiz sağlıklı.

ihr – euer
Kinder, wo ist euer Vati?
Kinder, wo ist eure Mutti?

siz – sizin
Çocuklar, babanız nerede?
Çocuklar, anneniz nerede?

67
[siebenundsechzig]

Possessivpronomen 2

67 [altmışyedi]

İyelik zamiri 2

die Brille
Er hat seine Brille vergessen.
Wo hat er denn seine Brille?

gözlük
O (erkek) gözlüğünü unuttu.
Onun gözlüğü (erkek) nerede?

die Uhr
Seine Uhr ist kaputt.
Die Uhr hängt an der Wand.

saat
Onun (erkek) saati bozuk.
Saat duvarda asılı.

der Pass
Er hat seinen Pass verloren.
Wo hat er denn seinen Pass?

pasaport
O (erkek) pasaportunu kaybetti.
Onun (erkek) pasaportu nerede?

sie – ihr
Die Kinder können ihre Eltern nicht finden.
Aber da kommen ja ihre Eltern!

onlar – sizler
Çocuklar ebeveynlerini bulamıyorlar.
Ama ebeveynleri geliyor ya!

Sie – Ihr
Wie war Ihre Reise, Herr Müller?
Wo ist Ihre Frau, Herr Müller?

Siz – sizler
Seyahatiniz nasıldı, Bay Müler?
Hanımınız nerede, Bay Müller?

Sie – Ihr
Wie war Ihre Reise, Frau Schmidt?
Wo ist Ihr Mann, Frau Schmidt?

Siz – sizler
Seyahatiniz nasıldı, Bayan Schmidt?
Eşiniz nerede, Bayan Schmidt?

68
[achtundsechzig]

groß – klein

68 [altmış sekiz]

büyük – küçük

groß und klein
Der Elefant ist groß.
Die Maus ist klein.

büyük ve küçük
Fil büyük.
Fare küçük.

dunkel und hell
Die Nacht ist dunkel.
Der Tag ist hell.

karanlık ve aydınlık
Gece karanlık.
Gün aydınlık.

alt und jung
Unser Großvater ist sehr alt.
Vor 70 Jahren war er noch jung.

yaşlı ve genç
Dedemiz çok yaşlı.
O (kendisi) 70 yıl önce henüz gençti.

schön und hässlich
Der Schmetterling ist schön.
Die Spinne ist hässlich.

güzel ve çirkin
Kelebek güzel.
Örümcek çirkin.

dick und dünn
Eine Frau mit 100 Kilo ist dick.
Ein Mann mit 50 Kilo ist dünn.

şişman ve zayıf
100 kiloluk bir kadın şişmandır.
50 kiloluk bir adam zayıftır.

teuer und billig
Das Auto ist teuer.
Die Zeitung ist billig.

pahalı ve ucuz
Araba pahalı.
Gazete ucuz.

69
[neunundsechzig]

brauchen – wollen

69 [altmış dokuz]

ihtiyacı olmak – istemek

Ich brauche ein Bett. Ich will schlafen. Gibt es hier ein Bett?	Bir yatağa ihtiyacım var. Uyumak istiyorum. Burada bir yatak varmı?
Ich brauche eine Lampe. Ich will lesen. Gibt es hier eine Lampe?	Bir lambaya ihtiyacım var. Okumak istiyorum. Burada bir lamba var mı?
Ich brauche ein Telefon. Ich will telefonieren. Gibt es hier ein Telefon?	Bir telefona ihtiyacım var. Telefon etmek istiyorum. Burada bir telefon var mı?
Ich brauche eine Kamera. Ich will fotografieren. Gibt es hier eine Kamera?	Bir kameraya ihtiyacım var. Fotoğraf çekmek istiyorum. Burada bir kamera var mı?
Ich brauche einen Computer. Ich will eine E-Mail schicken. Gibt es hier einen Computer?	Bir bilgisayara ihtiyacım var. Bir e-posta göndermek istiyorum. Burada bir bilgisayar var mı?
Ich brauche einen Kuli. Ich will etwas schreiben. Gibt es hier ein Blatt Papier und einen Kuli?	Bir tükenmeze ihtiyacım var. Bir şey yazmak istiyorum. Burada bir yaprak kağıt ve tükenmez var mı?

70 [siebzig]

etwas mögen

70 [yetmiş]

bir şey arzu etmek

Möchten Sie rauchen?	Sigara içmek istiyor musunuz?
Möchten Sie tanzen?	Dans etmek istiyor musunuz?
Möchten Sie spazieren gehen?	Gezmeye gitmek istiyor musunuz?
Ich möchte rauchen.	Sigara içmek istiyorum.
Möchtest du eine Zigarette?	Bir sigara ister misin?
Er möchte Feuer.	O (erkek) ateş istiyor.
Ich möchte etwas trinken.	Bir şey içmek istiyorum.
Ich möchte etwas essen.	Birşey yemek istiyorum.
Ich möchte mich etwas ausruhen.	Biraz dinlenmek istiyorum.
Ich möchte Sie etwas fragen.	Size bir şey sormak istiyorum.
Ich möchte Sie um etwas bitten.	Sizden bir şey rica etmek istiyorum.
Ich möchte Sie zu etwas einladen.	Sizi bir şeye davet etmek istiyorum.
Was möchten Sie bitte?	Ne istiyorsunuz lütfen?
Möchten Sie einen Kaffee?	Bir kahve ister misiniz?
Oder möchten Sie lieber einen Tee?	Yoksa çayı mı tercih edersiniz?
Wir möchten nach Hause fahren.	Eve gitmek istiyoruz.
Möchtet ihr ein Taxi?	Taksi ister misiniz?
Sie möchten telefonieren.	Telefon etmek istiyorlar.

71 [einundsiebzig]

71 [yetmiş bir]

etwas wollen

bir şey istemek

Was wollt ihr?	Ne istiyorsunuz?
Wollt ihr Fußball spielen?	Futbol mu oynamak istiyorsunuz?
Wollt ihr Freunde besuchen?	Arkadaşları mı ziyaret etmek istiyorsunuz?
wollen	istemek
Ich will nicht spät kommen.	Geç gelmek istemiyorum.
Ich will nicht hingehen.	Oraya gitmek istemiyorum.
Ich will nach Hause gehen.	Eve gitmek istiyorum.
Ich will zu Hause bleiben.	Evde kalmak istiyorum.
Ich will allein sein.	Yalnız olmak istiyorum.
Willst du hier bleiben?	Burada kalmak mı istiyorsun?
Willst du hier essen?	Burada mı yemek yemek istiyorsun?
Willst du hier schlafen?	Burada mı uyumak istiyorsun?
Wollen Sie morgen abfahren?	Yarın mı yola çıkmak istiyorsunuz?
Wollen Sie bis morgen bleiben?	Yarına kadar kalmak mı istiyorsunuz?
Wollen Sie die Rechnung erst morgen bezahlen?	Hesabı yarın mı ödemek istiyorsunuz?
Wollt ihr in die Disko?	Diskoya mı gitmek istiyorsunuz?
Wollt ihr ins Kino?	Sinemaya mı gitmek istiyorsunuz?
Wollt ihr ins Café?	Pastaneye mi gitmek istiyorsunuz?

72
[zweiundsiebzig]

etwas müssen

72 [yetmiş iki]

bir şeyler
yapmak zorunda
olmak

müssen
Ich muss den Brief verschicken.
Ich muss das Hotel bezahlen.

zorunda olmak
Mektubu göndermek zorundayım.
Otel ücretini ödemek zorundayım.

Du musst früh aufstehen.
Du musst viel arbeiten.
Du musst pünktlich sein.

Erken kalkmak zorundasın.
Çok çalışmak zorundasın.
Dakik olmak zorundasın.

Er muss tanken.
Er muss das Auto reparieren.
Er muss das Auto waschen.

O (erkek) benzin almak zorunda.
O (erkek) arabayı tamir etmek zorunda.
O arabayı yıkamak zorunda.

Sie muss einkaufen.
Sie muss die Wohnung putzen.
Sie muss die Wäsche waschen.

O (kadın) alışveriş yapmak zorunda.
O (kadın) evi temizlemek zorunda.
O (kadın) çamaşır yıkamak zorunda.

Wir müssen gleich zur Schule gehen.
Wir müssen gleich zur Arbeit gehen.
Wir müssen gleich zum Arzt gehen.

Hemen okula gitmemiz lazım.
Hemen işe gitmemiz lazım.
Hemen doktora gitmemiz lazım.

Ihr müsst auf den Bus warten.
Ihr müsst auf den Zug warten.
Ihr müsst auf das Taxi warten.

Otobüsü beklemeniz lazım.
Treni beklemeniz lazım.
Taksiyi beklemeniz lazım.

73 [dreiundsiebzig]

etwas dürfen

73 [yetmiş üç]

bir şeylere muktedir olmak, yapabilmek

Darfst du schon Auto fahren?
Darfst du schon Alkohol trinken?
Darfst du schon allein ins Ausland fahren?

Artık araba kullanmana izin var mı?
Artık alkol almana izin var mı?
Artık yurt dışına yalnız çıkmana izin var mı?

dürfen
Dürfen wir hier rauchen?
Darf man hier rauchen?

muktedir olmak, yapabilmek
Burada sigara içebilir miyiz?
Burada sigara içilebiliyor mu?

Darf man mit Kreditkarte bezahlen?
Darf man mit Scheck bezahlen?
Darf man nur bar bezahlen?

Kredi kartıyla ödenebiliyor mu?
Çek ile ödenebiliyor mu?
Yalnız peşin mi ödenebiliyor?

Darf ich mal eben telefonieren?
Darf ich mal eben etwas fragen?
Darf ich mal eben etwas sagen?

Bir telefon edebilir miyim?
Bir şey sorabilir miyim?
Bir şey söyleyebilir miyim?

Er darf nicht im Park schlafen.
Er darf nicht im Auto schlafen.
Er darf nicht im Bahnhof schlafen.

O (erkek için) parkta yatamaz (izin anlamında).
O (erkek için) otomobilde yatamaz (izin anlamında).
O (erkek için) tren istasyonunda yatamaz (izin anlamında).

Dürfen wir Platz nehmen?
Dürfen wir die Speisekarte haben?
Dürfen wir getrennt zahlen?

Oturabilir miyiz?
Menü kartını alabilir miyiz?
Ayrı ayrı ödeyebilir miyiz?

74 [vierundsiebzig]

74 [yetmiş dört]

um etwas bitten

bir şey rica etmek

Können Sie mir die Haare schneiden?	Saçlarımı kesebilir misiniz?
Nicht zu kurz, bitte.	Kısa olmasın, lütfen.
Etwas kürzer, bitte.	Biraz daha kısa, lütfen.
Können Sie die Bilder entwickeln?	Resimleri basabilir misiniz?
Die Fotos sind auf der CD.	Resimler CD'de.
Die Fotos sind in der Kamera.	Resimler kamerada.
Können Sie die Uhr reparieren?	Saati tamir edebilir misiniz?
Das Glas ist kaputt.	Cam kırılmış.
Die Batterie ist leer.	Pil bitmiş.
Können Sie das Hemd bügeln?	Gömleği ütüleyebilir misiniz?
Können Sie die Hose reinigen?	Pantolonu temizleyebilir misiniz?
Können Sie die Schuhe reparieren?	Ayakkabıları tamir edebilir misiniz?
Können Sie mir Feuer geben?	Bana ateş verebilir misiniz?
Haben Sie Streichhölzer oder ein Feuerzeug?	Kibrit veya çakmağınız var mı?
Haben Sie einen Aschenbecher?	Kül tablanız var mı?
Rauchen Sie Zigarren?	Puro içiyor musunuz?
Rauchen Sie Zigaretten?	Sigara içiyor musunuz?
Rauchen Sie Pfeife?	Pipo içiyor musunuz?

75
[fünfundsiebzig]

etwas
begründen 1

75 [yetmiş beş]

bir şeyler sebep
göstermek 1

Warum kommen Sie nicht? Das Wetter ist so schlecht. Ich komme nicht, weil das Wetter so schlecht ist.	Niçin gelmiyorsunuz? Hava çok kötü. Hava çok kötü olduğu için gelmiyorum.
Warum kommt er nicht? Er ist nicht eingeladen. Er kommt nicht, weil er nicht eingeladen ist.	O (erkek) niçin gelmiyor? O (erkek) davetli değil. Davetli (erkek) olmadığı için gelmiyor.
Warum kommst du nicht? Ich habe keine Zeit. Ich komme nicht, weil ich keine Zeit habe.	Niçin gelmiyorsun? Vaktim yok. Vaktim olmadığı için gelmiyorum.
Warum bleibst du nicht? Ich muss noch arbeiten. Ich bleibe nicht, weil ich noch arbeiten muss.	Niçin kalmıyorsun? Daha çalışmam lazım. Daha çalışmam gerektiği için kalmıyorum.
Warum gehen Sie schon? Ich bin müde. Ich gehe, weil ich müde bin.	Niçin şimdiden gidiyorsunuz? Yorgunum. Yorgun olduğum için gidiyorum.
Warum fahren Sie schon? Es ist schon spät. Ich fahre, weil es schon spät ist.	Niçin şimdiden gidiyorsunuz? Geç oldu. Geç olduğu için gidiyorum.

76
[sechsundsiebzig]

etwas
begründen 2

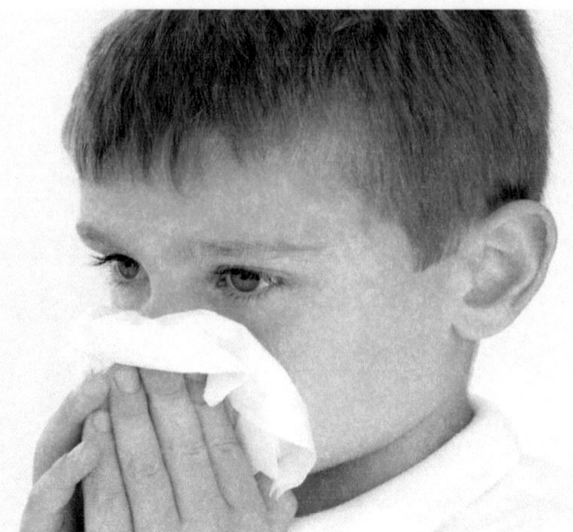

76 [yetmiş altı]

bir şeyler sebep
göstermek 2

Warum bist du nicht gekommen?
Ich war krank.
Ich bin nicht gekommen, weil ich krank war.

Neden gelmedin?
Hastaydım.
Hasta olduğum için gelmedim.

Warum ist sie nicht gekommen?
Sie war müde.
Sie ist nicht gekommen, weil sie müde war.

O, niçin gelmedi (kadın)?
O (kadın) yorgundu.
O (kadın) yorgun olduğu için gelmedi.

Warum ist er nicht gekommen?
Er hatte keine Lust.
Er ist nicht gekommen, weil er keine Lust hatte.

O (erkek) niçin gelmedi?
Onun (erkek) canı istemedi.
O (erkek) canı istemediği için gelmedi.

Warum seid ihr nicht gekommen?
Unser Auto ist kaputt.
Wir sind nicht gekommen, weil unser Auto kaputt ist.

Niçin gelmediniz?
Arabamız arızalı.
Arabamız arızalı olduğu için gelmedik.

Warum sind die Leute nicht gekommen?
Sie haben den Zug verpasst.
Sie sind nicht gekommen, weil sie den Zug verpasst haben.

İnsanlar niçin gelmediler?
Onlar treni kaçırdılar.
Treni kaçırdıkları için gelmediler.

Warum bist du nicht gekommen?
Ich durfte nicht.
Ich bin nicht gekommen, weil ich nicht durfte.

Niçin gelmedin?
Gelmeme izin yoktu.
Gelmeme izin olmadığı için gelmedim.

77 [siebenundsiebzig]

etwas begründen 3

77 [yetmiş yedi]

bir şeyler sebep göstermek 3

Warum essen Sie die Torte nicht?	Turtayı niçin yemiyorsunuz?
Ich muss abnehmen.	Kilo vermem lazım.
Ich esse sie nicht, weil ich abnehmen muss.	Kilo vermek zorunda olduğum için onu yemiyorum.
Warum trinken Sie das Bier nicht?	Neden birayı içmiyorsunuz?
Ich muss noch fahren.	Daha araba kullanmam lazım.
Ich trinke es nicht, weil ich noch fahren muss.	Daha araba kullanmak zorunda olduğum için içmiyorum.
Warum trinkst du den Kaffee nicht?	Neden kahveyi içmiyorsun?
Er ist kalt.	Soğumuş.
Ich trinke ihn nicht, weil er kalt ist.	Onu içmiyorum, çünkü soğumuş.
Warum trinkst du den Tee nicht?	Neden çayı içmiyorsun?
Ich habe keinen Zucker.	Şekerim yok.
Ich trinke ihn nicht, weil ich keinen Zucker habe.	Onu içmiyorum çünkü şekerim yok.
Warum essen Sie die Suppe nicht?	Neden çorbayı içmiyorsunuz?
Ich habe sie nicht bestellt.	Onu ısmarlamadım.
Ich esse sie nicht, weil ich sie nicht bestellt habe.	Içmiyorum çünkü onu ısmarlamadım.
Warum essen Sie das Fleisch nicht?	Eti niçin yemiyorsunuz?
Ich bin Vegetarier.	Ben vejeteryanım.
Ich esse es nicht, weil ich Vegetarier bin.	Onu yemiyorum, çünkü ben vejeteryanım.

78
[achtundsiebzig]

Adjektive 1

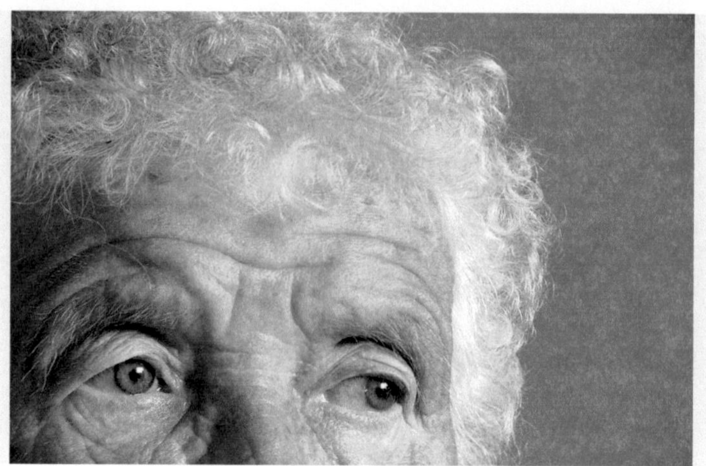

78 [yetmiş sekiz]

Sıfatlar 1

eine alte Frau	yaşlı bir kadın
eine dicke Frau	şişman bir kadın
eine neugierige Frau	meraklı bir kadın
ein neuer Wagen	yeni bir araba
ein schneller Wagen	hızlı bir araba
ein bequemer Wagen	rahat bir araba
ein blaues Kleid	mavi bir elbise
ein rotes Kleid	kırmızı bir elbise
ein grünes Kleid	yeşil bir elbise
eine schwarze Tasche	siyah bir çanta
eine braune Tasche	kahverengi bir çanta
eine weiße Tasche	beyaz bir çanta
nette Leute	cana yakın insanlar
höfliche Leute	kibar insanlar
interessante Leute	ilginç insanlar
liebe Kinder	sevimli çocuklar
freche Kinder	küstah çocuklar
brave Kinder	uslu çocuklar

79
[neunundsiebzig]

79 [yetmiş dokuz]

Adjektive 2

Sıfatlar 2

Ich habe ein blaues Kleid an.
Ich habe ein rotes Kleid an.
Ich habe ein grünes Kleid an.

Üstümde mavi bir elbise var.
Üstümde kırmızı bir elbise var.
Üstümde yeşil bir elbise var.

Ich kaufe eine schwarze Tasche.
Ich kaufe eine braune Tasche.
Ich kaufe eine weiße Tasche.

Siyah bir çanta satın alıyorum.
Kahverengi bir çanta satın alıyorum.
Beyaz bir çanta satın alıyorum.

Ich brauche einen neuen Wagen.
Ich brauche einen schnellen Wagen.
Ich brauche einen bequemen Wagen.

Yeni bir arabaya ihtiyacım var.
Hızlı bir arabaya ihtiyacım var.
Rahat bir arabaya ihtiyacım var.

Da oben wohnt eine alte Frau.
Da oben wohnt eine dicke Frau.
Da unten wohnt eine neugierige Frau.

Şu yukarda yaşlı bir kadın oturuyor.
Şu yukarda şişman bir kadın oturuyor.
Şu aşağıda meraklı bir kadın oturuyor.

Unsere Gäste waren nette Leute.
Unsere Gäste waren höfliche Leute.
Unsere Gäste waren interessante Leute.

Misafirlerimiz cana yakın insanlardı.
Misafirlerimiz kibar insanlardı.
Misafirlerimiz ilginç insanlardı.

Ich habe liebe Kinder.
Aber die Nachbarn haben freche Kinder.
Sind Ihre Kinder brav?

Benim sevimli çocuklarım var.
Ama komşuların arsız çocukları var.
Çocuklarınız uslu mu?

80 [achtzig]

Adjektive 3

80 [seksen]

Sıfatlar 3

Sie hat einen Hund.
Der Hund ist groß.
Sie hat einen großen Hund.

Onun (kadın) bir köpeği var.
Köpek büyük.
Onun (kadın) büyük bir köpeği var.

Sie hat ein Haus.
Das Haus ist klein.
Sie hat ein kleines Haus.

Onun (kadın) bir evi var.
Ev küçük.
Onun (kadın) küçük bir evi var.

Er wohnt in einem Hotel.
Das Hotel ist billig.
Er wohnt in einem billigen Hotel.

O (erkek) bir otelde kalıyor.
Otel ucuz.
O (erkek) ucuz bir otelde kalıyor.

Er hat ein Auto.
Das Auto ist teuer.
Er hat ein teures Auto.

Onun (erkek) bir arabası var.
Araba pahalı.
Onun (erkek) pahalı bir arabası var.

Er liest einen Roman.
Der Roman ist langweilig.
Er liest einen langweiligen Roman.

O (erkek) bir roman okuyor.
Roman sıkıcı.
O (erkek) sıkıcı bir roman okuyor.

Sie sieht einen Film.
Der Film ist spannend.
Sie sieht einen spannenden Film.

O (kadın) bir film seyrediyor.
Film heyecanlı.
O (kadın) heyecanlı bir film seyrediyor.

81 [einundachtzig]

81 [seksen bir]

Vergangenheit 1

Geçmiş zaman 1

schreiben	yazmak
Er schrieb einen Brief.	O (erkek) bir mektup yazdı.
Und sie schrieb eine Karte.	O da (kadın) bir kart yazmıştı.
lesen	okumak
Er las eine Illustrierte.	O (erkek) bir dergi okudu.
Und sie las ein Buch.	O da (kadın) bir kitap okudu.
nehmen	almak
Er nahm eine Zigarette.	O (erkek) bir sigara aldı.
Sie nahm ein Stück Schokolade.	O (kadın) bir parça çikolata aldı.
Er war untreu, aber sie war treu.	O (erkek) sadık değildi, ama o (kadın) sadıktı.
Er war faul, aber sie war fleißig.	O (erkek) tembeldi, ama o (kadın) çalışkandı.
Er war arm, aber sie war reich.	O (erkek) fakirdi, ama o (kadın) zengindi.
Er hatte kein Geld, sondern Schulden.	Onun (erkek) parası değil, bilakis borçları vardı.
Er hatte kein Glück, sondern Pech.	O (erkek) şanslı değil, bilakis talihsizdi.
Er hatte keinen Erfolg, sondern Misserfolg.	O (erkek) başarılı değil, bilakis başarısızdı.
Er war nicht zufrieden, sondern unzufrieden.	O (erkek) memnun değil, hoşnutsuzdu.
Er war nicht glücklich, sondern unglücklich.	O (erkek) mutlu değil, mutsuzdu.
Er war nicht sympathisch, sondern unsympathisch.	O (erkek) sempatik değil, antipatikti.

82
[zweiundachtzig]

Vergangenheit 2

82 [seksen iki]

Geçmiş zaman 2

Musstest du einen Krankenwagen rufen?
Musstest du den Arzt rufen?
Musstest du die Polizei rufen?

Bir ambulans çağırmak zorunda mıydın?
Doktoru çağırmak zorunda mıydın?
Polisi çağırmak zorunda mıydın?

Haben Sie die Telefonnummer? Gerade hatte ich sie noch.
Haben Sie die Adresse? Gerade hatte ich sie noch.
Haben Sie den Stadtplan? Gerade hatte ich ihn noch.

Sizde telefon numarası var mı? Daha şimdi vardı.
Sizde adres var mı? Daha şimdi vardı.
Sizde şehir planı var mı? Daha şimdi vardı.

Kam er pünktlich? Er konnte nicht pünktlich kommen.
Fand er den Weg? Er konnte den Weg nicht finden.
Verstand er dich? Er konnte mich nicht verstehen.

O, vaktinde geldi mi (erkek için)? Vaktinde gelemedi.
O, yolu buldu mu (erkek için)? Yolu bulamadı.
O, seni anladı mı (erkek için)? Beni anlayamadı.

Warum konntest du nicht pünktlich kommen?
Warum konntest du den Weg nicht finden?
Warum konntest du ihn nicht verstehen?

Neden vaktinde gelemedin?
Neden yolu bulamadın?
Neden onu (erkek için) anlayamadın?

Ich konnte nicht pünktlich kommen, weil kein Bus fuhr.
Ich konnte den Weg nicht finden, weil ich keinen Stadtplan hatte.
Ich konnte ihn nicht verstehen, weil die Musik so laut war.

Vaktinde gelemedim çünkü otobüs yoktu.
Yolu bulamadım çünkü şehir planım yoktu.
Onu (erkek için) anlayamadım çünkü müzik çok sesliydi.

Ich musste ein Taxi nehmen.
Ich musste einen Stadtplan kaufen.
Ich musste das Radio ausschalten.

Taksiye binmek zorundaydım.
Şehir planı almak zorundaydım.
Radyoyu kapatmak zorundaydım.

83
[dreiundachtzig]

83 [seksen üç]

Vergangenheit 3

Geçmiş zaman 3

telefonieren
Ich habe telefoniert.
Ich habe die ganze Zeit telefoniert.

telefon etmek
Telefon ettim.
Devamlı telefon ettim.

fragen
Ich habe gefragt.
Ich habe immer gefragt.

sormak
Sordum.
Hep sordum.

erzählen
Ich habe erzählt.
Ich habe die ganze Geschichte erzählt.

anlatmak
Anlattım.
Bütün hikâyeyi anlattım.

lernen
Ich habe gelernt.
Ich habe den ganzen Abend gelernt.

öğrenmek
Öğrendim.
Bütün akşam öğrendim.

arbeiten
Ich habe gearbeitet.
Ich habe den ganzen Tag gearbeitet.

çalışmak
Çalıştım.
Bütün gün çalıştım.

essen
Ich habe gegessen.
Ich habe das ganze Essen gegessen.

yemek yemek
Yemek yedim.
Yemeğin hepsini yedim.

84 [vierundachtzig]

Vergangenheit 4

84 [seksen dört]

Geçmiş zaman 4

lesen
Ich habe gelesen.
Ich habe den ganzen Roman gelesen.

okumak
Okudum.
Romanın hepsini okudum.

verstehen
Ich habe verstanden.
Ich habe den ganzen Text verstanden.

anlamak
Anladım.
Metnin hepsini anladım.

antworten
Ich habe geantwortet.
Ich habe auf alle Fragen geantwortet.

cevap vermek
Cevap verdim.
Bütün sorulara cevap verdim.

Ich weiß das – ich habe das gewusst.
Ich schreibe das – ich habe das geschrieben.
Ich höre das – ich habe das gehört.

Bunu biliyorum – bunu biliyordum.
Bunu yazıyorum – bunu yazdım.
Bunu duyuyorum – bunu duydum.

Ich hole das – ich habe das geholt.
Ich bringe das – ich habe das gebracht.
Ich kaufe das – ich habe das gekauft.

Bunu alıyorum – bunu aldım.
Bunu getiriyorum – bunu getirdim.
Bunu satın alıyorum – bunu satın aldım.

Ich erwarte das – ich habe das erwartet.
Ich erkläre das – ich habe das erklärt.
Ich kenne das – ich habe das gekannt.

Bunu bekliyorum – bunu bekliyordum.
Bunu açıklıyorum – bunu açıkladım.
Bunu tanıyorum – bunu tanıdım.

85
[fünfundachtzig]

Fragen – Vergangenheit 1

85 [seksen beş]

Sorular – Geçmiş zaman 1

Wie viel haben Sie getrunken?	Ne kadar içtiniz?
Wie viel haben Sie gearbeitet?	Ne kadar çalıştınız?
Wie viel haben Sie geschrieben?	Ne kadar yazdınız?
Wie haben Sie geschlafen?	Nasıl uyudunuz?
Wie haben Sie die Prüfung bestanden?	Imtihanı nasıl verdiniz?
Wie haben Sie den Weg gefunden?	Yolu nasıl buldunuz?
Mit wem haben Sie gesprochen?	Kiminle konuştunuz?
Mit wem haben Sie sich verabredet?	Kiminle randevulaştınız?
Mit wem haben Sie Geburtstag gefeiert?	Kiminle doğum günü kutladınız?
Wo sind Sie gewesen?	Neredeydiniz?
Wo haben Sie gewohnt?	Nerede oturdunuz?
Wo haben Sie gearbeitet?	Nerede çalıştınız?
Was haben Sie empfohlen?	Ne tavsiye ettiniz?
Was haben Sie gegessen?	Ne yediniz?
Was haben Sie erfahren?	Ne öğrendiniz?
Wie schnell sind Sie gefahren?	Ne kadar hızlı gittiniz?
Wie lange sind Sie geflogen?	Ne kadar zaman uçtunuz?
Wie hoch sind Sie gesprungen?	Ne kadar yükseğe atladınız?

86 [sechsundachtzig]

Fragen – Vergangenheit 2

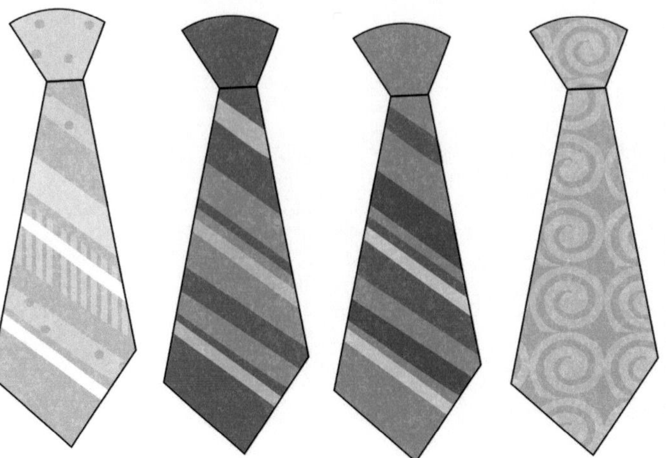

86 [seksen altı]

Sorular – Geçmiş zaman 2

Welche Krawatte hast du getragen?	Hangi kravatın üstündeydi?
Welches Auto hast du gekauft?	Hangi arabayı satın aldın?
Welche Zeitung hast du abonniert?	Hangi gazeteye abone oldun?
Wen haben Sie gesehen?	Kimi gördünüz?
Wen haben Sie getroffen?	Kime rastladınız?
Wen haben Sie erkannt?	Kimi tanıdınız?
Wann sind Sie aufgestanden?	Ne zaman kalktınız?
Wann haben Sie begonnen?	Ne zaman başladınız?
Wann haben Sie aufgehört?	Ne zaman bıraktınız?
Warum sind Sie aufgewacht?	Niçin uyandınız?
Warum sind Sie Lehrer geworden?	Niçin öğretmen oldunuz?
Warum haben Sie ein Taxi genommen?	Niçin bir taksiye bindiniz?
Woher sind Sie gekommen?	Nereden geldiniz?
Wohin sind Sie gegangen?	Nereye gittiniz?
Wo sind Sie gewesen?	Nerdeydiniz?
Wem hast du geholfen?	Kime yardım ettin?
Wem hast du geschrieben?	Kime yazdın?
Wem hast du geantwortet?	Kime cevap verdin?

87 [siebenundachtzig]

Vergangenheit der Modalverben 1

87 [seksen yedi]

Yardımcı fiillerin geçmiş zamanı 1

Wir mussten die Blumen gießen.
Wir mussten die Wohnung aufräumen.
Wir mussten das Geschirr spülen.

Çiçekleri sulamamız gerekiyordu.
Evi toplamamız gerekiyordu.
Bulaşıkları yıkamamız gerekiyordu.

Musstet ihr die Rechnung bezahlen?
Musstet ihr Eintritt bezahlen?
Musstet ihr eine Strafe bezahlen?

Hesabı ödemeniz gerekli miydi?
Giriş ödemek zorunda kaldınız mı?
Bir ceza ödemeniz gerekti mi?

Wer musste sich verabschieden?
Wer musste früh nach Hause gehen?
Wer musste den Zug nehmen?

Kim veda etmek zorundaydı?
Kim eve erken gitmek zorundaydı?
Kim trenle gitmek zorundaydı?

Wir wollten nicht lange bleiben.
Wir wollten nichts trinken.
Wir wollten nicht stören.

Uzun kalmak istemedik.
Bir şey içmek istemedik.
Rahatsız etmek istemedik.

Ich wollte eben telefonieren.
Ich wollte ein Taxi bestellen.
Ich wollte nämlich nach Haus fahren.

Şimdi telefon etmek istiyordum.
Bir taksi çağırmak istiyordum.
Çünkü eve gitmek istiyordum.

Ich dachte, du wolltest deine Frau anrufen.
Ich dachte, du wolltest die Auskunft anrufen.
Ich dachte, du wolltest eine Pizza bestellen.

Hanımına telefon etmek istediğini sanıyordum.
Bilinmeyen numaraları aramak istediğini sanıyordum.
Bir pizza ısmarlamak istediğini sanıyordum.

88 [achtundachtzig]

Vergangenheit der Modalverben 2

88 [seksen sekiz]

Yardımcı fiillerin geçmiş zamanı 2

Mein Sohn wollte nicht mit der Puppe spielen.	Oğlum bebekle oynamak istemiyordu.
Meine Tochter wollte nicht Fußball spielen.	Kızım futbol oynamak istemiyordu.
Meine Frau wollte nicht mit mir Schach spielen.	Karım benimle satranç oynamak istemiyordu.
Meine Kinder wollten keinen Spaziergang machen.	Çocuklarım gezinti yapmak istemiyorlardı.
Sie wollten nicht das Zimmer aufräumen.	Odayı toplamak istemiyorlardı.
Sie wollten nicht ins Bett gehen.	Yatmak istemiyorlardı.
Er durfte kein Eis essen.	Onun (erkek) dondurma yemesine izin yoktu.
Er durfte keine Schokolade essen.	Onun (erkek) çikolata yemesine izin yoktu.
Er durfte keine Bonbons essen.	Onun (erkek) şeker yemesine izin yoktu.
Ich durfte mir etwas wünschen.	Bir dilekte bulunmama izin vardı.
Ich durfte mir ein Kleid kaufen.	Kendime bir elbise almama izin vardı.
Ich durfte mir eine Praline nehmen.	Bir fondan almama izin vardı.
Durftest du im Flugzeug rauchen?	Uçakta sigara içmen serbest miydi?
Durftest du im Krankenhaus Bier trinken?	Hastanede bira içmen serbest miydi?
Durftest du den Hund ins Hotel mitnehmen?	Köpeği otele alman serbest miydi?
In den Ferien durften die Kinder lange draußen bleiben.	Tatilde cocukların uzun süre dışarda kalmalarına izin vardı.
Sie durften lange im Hof spielen.	Avluda uzun süre oynamalarına müsaade vardı.
Sie durften lange aufbleiben.	Gece uzun süre uyanık kalmalarına müsaade vardı.

89
[neunundachtzig]

Imperativ 1

89 [seksen dokuz]

Emir kipi 1

Du bist so faul – sei doch nicht so faul!
Du schläfst so lang – schlaf doch nicht so lang!
Du kommst so spät – komm doch nicht so spät!

Çok tembelsin – o kadar tembel olma!
Çok uyuyorsun – o kadar uyuma!
Çok geç geliyorsun – o kadar geç gelme!

Du lachst so laut – lach doch nicht so laut!
Du sprichst so leise – sprich doch nicht so leise!
Du trinkst zu viel – trink doch nicht so viel!

Çok sesli gülüyorsun – o kadar sesli gülme!
Çok sessiz konuşuyorsun – o kadar sessiz konuşma!
Çok fazla içiyorsun – o kadar çok içme!

Du rauchst zu viel – rauch doch nicht so viel!
Du arbeitest zu viel – arbeite doch nicht so viel!
Du fährst so schnell – fahr doch nicht so schnell!

Çok fazla sigara içiyorsun – o kadar çok sigara içme!
Çok fazla çalışıyorsun – o kadar çok çalışma!
Çok hızlı gidiyorsun – o kadar hızlı gitme!

Stehen Sie auf, Herr Müller!
Setzen Sie sich, Herr Müller!
Bleiben Sie sitzen, Herr Müller!

Ayağa kalkınız, Bay Müller!
Oturunuz, Bay Müller!
Kalkmayın, Bay Müller!

Haben Sie Geduld!
Nehmen Sie sich Zeit!
Warten Sie einen Moment!

Sabırlı olunuz!
Kendinize zaman bırakın!
Bir saniye bekleyin!

Seien Sie vorsichtig!
Seien Sie pünktlich!
Seien Sie nicht dumm!

Dikkatli olun!
Dakik olun!
Aptal olmayın!

90 [neunzig]

Imperativ 2

90 [doksan]

Emir kipi 2

Rasier dich!	Traş ol!
Wasch dich!	Yıkan!
Kämm dich!	Taran!
Ruf an! Rufen Sie an!	Telefon et! telefon edin!
Fang an! Fangen Sie an!	Başla! başlayın!
Hör auf! Hören Sie auf!	Bırak! Bırakın!
Lass das! Lassen Sie das!	Yapma! Yapmayın!
Sag das! Sagen Sie das!	Söyle! Söyleyin!
Kauf das! Kaufen Sie das!	Bunu satın al! Bunu satın alın!
Sei nie unehrlich!	Asla eğri olma!
Sei nie frech!	Asla küstah olma!
Sei nie unhöflich!	Asla saygısız olma!
Sei immer ehrlich!	Daima dürüst ol!
Sei immer nett!	Daima cana yakın ol!
Sei immer höflich!	Hep kibar ol!
Kommen Sie gut nach Haus!	Sağ salim eve varın!
Passen Sie gut auf sich auf!	Kendinize dikkat edin!
Besuchen Sie uns bald wieder!	Yakında bizi yine ziyaret edin!

91
[einundneunzig]

Nebensätze mit
dass 1

91 [doksan bir]

(ki) li yan
cümleler

Das Wetter wird vielleicht morgen besser.
Woher wissen Sie das?
Ich hoffe, dass es besser wird.

Hava belki yarın daha iyi olur.
Bunu nereden biliyorsunuz?
Umarım, daha iyi olur.

Er kommt ganz bestimmt.
Ist das sicher?
Ich weiß, dass er kommt.

O (erkek) mutlaka gelir.
Bu kesin mi?
Geleceğini biliyorum.

Er ruft bestimmt an.
Wirklich?
Ich glaube, dass er anruft.

O (erkek) mutlaka telefon eder.
Sahi mi?
Telefon edeceğini zannediyorum.

Der Wein ist sicher alt.
Wissen Sie das genau?
Ich vermute, dass er alt ist.

Bu şarap muhakkak eskidir.
Bunu tam biliyor musunuz?
Eski olduğunu tahmin ediyorum.

Unser Chef sieht gut aus.
Finden Sie?
Ich finde, dass er sogar sehr gut aussieht.

Şefimiz yakışıklı.
Öyle mi?
Hatta çok yakışıklı olduğunu düşünüyorum.

Der Chef hat bestimmt eine Freundin.
Glauben Sie wirklich?
Es ist gut möglich, dass er eine Freundin hat.

Şefin mutlaka bir kız arkadaşı vardır.
Gerçekten böyle mi düşünüyorsunuz?
Bir kız arkadaşı olması muhtemel.

92
[zweiundneunzig]

Nebensätze mit dass 2

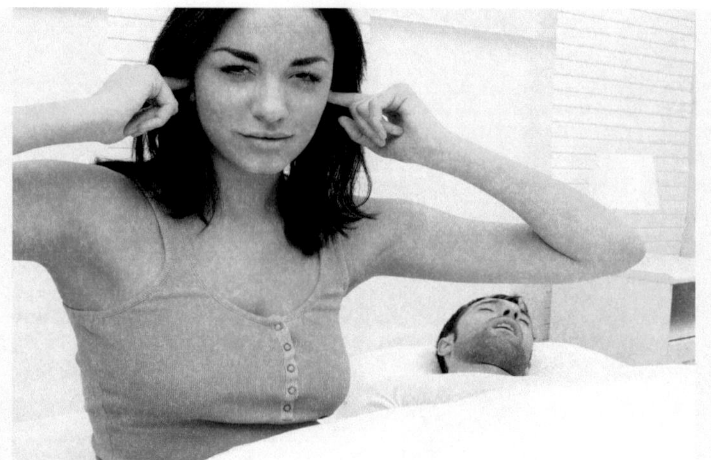

92 [doksan iki]

(ki) li yan cümleler

Es ärgert mich, dass du schnarchst.	Horlaman beni kızdırıyor.
Es ärgert mich, dass du so viel Bier trinkst.	Bu kadar çok bira içmen beni kızdırıyor.
Es ärgert mich, dass du so spät kommst.	Bu kadar geç gelmen beni kızdırıyor.
Ich glaube, dass er einen Arzt braucht.	Onun bir doktora ihtiyacı olduğunu zannediyorum.
Ich glaube, dass er krank ist.	Onun hasta olduğunu zannediyorum.
Ich glaube, dass er jetzt schläft.	Onun şimdi uyuduğunu zannediyorum.
Wir hoffen, dass er unsere Tochter heiratet.	Onun kızımızla evleneceğini ümit ediyoruz.
Wir hoffen, dass er viel Geld hat.	Onun çok parası olduğunu ümit ediyoruz.
Wir hoffen, dass er Millionär ist.	Onun milyoner olduğunu ümit ediyoruz.
Ich habe gehört, dass deine Frau einen Unfall hatte.	Hanımının bir kaza geçirdiğini duydum.
Ich habe gehört, dass sie im Krankenhaus liegt.	Onun hastahanede yattığını duydum.
Ich habe gehört, dass dein Auto total kaputt ist.	Arabanın tamamen hurda olduğunu duydum.
Es freut mich, dass Sie gekommen sind.	Geldiğinize sevindim.
Es freut mich, dass Sie Interesse haben.	Ilginiz duyduğunuza sevindim.
Es freut mich, dass Sie das Haus kaufen wollen.	Evi almak istemenize sevindim.
Ich fürchte, dass der letzte Bus schon weg ist.	Son otobüsün kalkmış olmasından korkuyorum.
Ich fürchte, dass wir ein Taxi nehmen müssen.	Bir taksi tutmamız gerekmesinden korkuyorum.
Ich fürchte, dass ich kein Geld bei mir habe.	Korkarım, yanımda para yok.

93
[dreiundneunzig]

Nebensätze mit
ob

93 [doksan üç]

-mayıp / -meyip,
-madığı / mediği
li yan cümleler

Ich weiß nicht, ob er mich liebt. | Beni sevip sevmediğini bilmiyorum.
Ich weiß nicht, ob er zurückkommt. | Geri dönüp dönmeyeceğini bilmiyorum.
Ich weiß nicht, ob er mich anruft. | Beni arayıp aramayacağını bilmiyorum.

Ob er mich wohl liebt? | Acaba beni seviyor mu?
Ob er wohl zurückkommt? | Acaba geri gelecek mi?
Ob er mich wohl anruft? | Acaba bana telefon edecek mi?

Ich frage mich, ob er an mich denkt. | Onun beni düşünüp düşünmediğini kendime soruyorum.
Ich frage mich, ob er eine andere hat. | Onun hayatında başka biri olup olmadığını kendime soruyorum.
Ich frage mich, ob er lügt. | Onun yalan söyleyip söylemediğini kendime soruyorum.

Ob er wohl an mich denkt? | Acaba o (erkek) beni düşünüyor mu?
Ob er wohl eine andere hat? | Acaba onun başka bir sevdiği var mı?
Ob er wohl die Wahrheit sagt? | Acaba o (erkek) doğruyu söylüyor mu?

Ich zweifele, ob er mich wirklich mag. | Onun benden gerçekten hoşlandığından şüphe ediyorum.
Ich zweifele, ob er mir schreibt. | Onun bana yazacağından şüphe ediyorum.
Ich zweifele, ob er mich heiratet. | Onun benimle evleneceğinden şüphe ediyorum.

Ob er mich wohl wirklich mag? | Acaba o benden gerçekten hoşlanıyor mu?
Ob er mir wohl schreibt? | Acaba o bana yazacak mı?
Ob er mich wohl heiratet? | Acaba o benimle evlenecek mi?

94
[vierundneunzig]

Konjunktionen 1

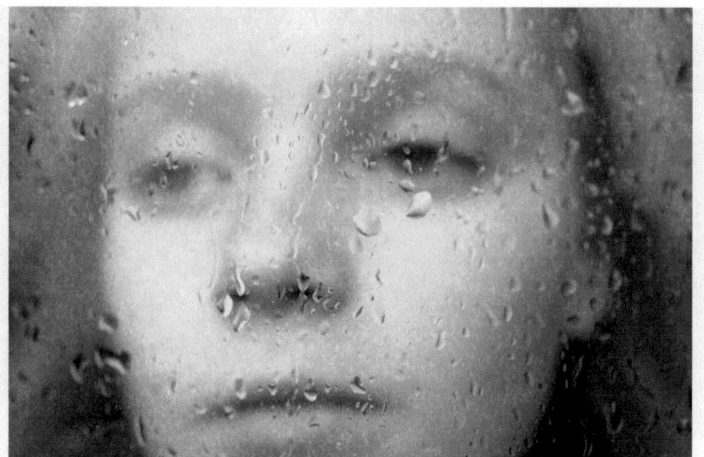

94 [doksan dört]

Bağlaçlar 1

Warte, bis der Regen aufhört.
Warte, bis ich fertig bin.
Warte, bis er zurückkommt.

Yağmur durana kadar bekle.
Ben hazır olana kadar bekle.
O geri gelene kadar bekle.

Ich warte, bis meine Haare trocken sind.
Ich warte, bis der Film zu Ende ist.
Ich warte, bis die Ampel grün ist.

Saçlarım kuruyana kadar bekliyorum.
Film bitene kadar bekliyorum.
Işık yeşil yanıncaya kadar bekliyorum.

Wann fährst du in Urlaub?
Noch vor den Sommerferien?
Ja, noch bevor die Sommerferien beginnen.

Ne zaman tatile gidiyorsun?
Yaz tatilinden daha önce mi?
Evet, yaz tatili başlamadan daha önce.

Reparier das Dach, bevor der Winter beginnt.
Wasch deine Hände, bevor du dich an den Tisch setzt.
Schließ das Fenster, bevor du rausgehst.

Kış başlamadan çatıyı onar.
Masaya oturmadan ellerini yıka.
Dışarı çıkmadan camı kapat.

Wann kommst du nach Hause?
Nach dem Unterricht?
Ja, nachdem der Unterricht aus ist.

Eve ne zaman geleceksin?
Dersten sonra?
Evet, ders bittikten sonra.

Nachdem er einen Unfall hatte, konnte er nicht mehr arbeiten.
Nachdem er die Arbeit verloren hatte, ist er nach Amerika gegangen.
Nachdem er nach Amerika gegangen war, ist er reich geworden.

O (erkek) kaza geçirdikten sonra, artık çalışamadı.
O, (erkek) işini kaybettikten sonra, Amerika'ya gitti.
O, (erkek) Amerika'ya gittikten sonra zengin oldu.

95
[fünfundneunzig]

Konjunktionen 2

95 [doksan beş]

Bağlaçlar 2

Seit wann arbeitet sie nicht mehr?
Seit ihrer Heirat?
Ja, sie arbeitet nicht mehr, seitdem sie geheiratet hat.

Kendisi (kadın) ne zamandan beri çalışmıyor?
Evlendiğinden beri mi?
Evet, kendisi (kadın) evlendiğinden beri artık çalışmıyor.

Seitdem sie geheiratet hat, arbeitet sie nicht mehr.
Seitdem sie sich kennen, sind sie glücklich.
Seitdem sie Kinder haben, gehen sie selten aus.

Evlendiğinden beri kendisi (kadın) artık çalışmıyor.
Birbirlerini tanıdıklarından beri mutlular.
Çocukları olduğundan beri seyrek dışarı çıkıyorlar.

Wann telefoniert sie?
Während der Fahrt?
Ja, während sie Auto fährt.

Ne zaman telefon ediyor (kadın)?
Yolculuk sırasında mı?
Evet, arabayı kullanırken.

Sie telefoniert, während sie Auto fährt.
Sie sieht fern, während sie bügelt.
Sie hört Musik, während sie ihre Aufgaben macht.

O, (kadın), araba kullanırken telefon ediyor.
O, (kadın), ütü yaparken televizyon seyrediyor.
O, (kadın), ödevlerini yaparken müzik dinliyor.

Ich sehe nichts, wenn ich keine Brille habe.
Ich verstehe nichts, wenn die Musik so laut ist.
Ich rieche nichts, wenn ich Schnupfen habe.

Gözlüğüm olmadan bir şey göremiyorum.
Müzik bu kadar sesli olunca, bir şey anlamıyorum.
Nezle olduğum zaman koku almıyorum.

Wir nehmen ein Taxi, wenn es regnet.
Wir reisen um die Welt, wenn wir im Lotto gewinnen.
Wir fangen mit dem Essen an, wenn er nicht bald kommt.

Yağmur yağarsa taksiye bineriz.
Lotoda kazanırsak bütün dünyayı dolaşırız.
Yakında gelmezse yemeğe başlarız.

96
[sechsundneunzig]

Konjunktionen 3

96 [doksan altı]

Bağlaçlar 3

Ich stehe auf, sobald der Wecker klingelt. Ich werde müde, sobald ich lernen soll. Ich höre auf zu arbeiten, sobald ich 60 bin.	Saat çalar çalmaz kalkarım. Ders çalışmam gerekir gerekmez yoruluyorum. 60 olur olmaz çalışmaya son vereceğim.
Wann rufen Sie an? Sobald ich einen Moment Zeit habe. Er ruft an, sobald er etwas Zeit hat.	Ne zaman arayacaksınız? Biraz boş vaktim olur olmaz. Biraz vakti olur olmaz arayacak (erkek).
Wie lange werden Sie arbeiten? Ich werde arbeiten, solange ich kann. Ich werde arbeiten, solange ich gesund bin.	Ne kadar çalışacaksınız? Çalışabildiğim kadar çalışacağım. Sağlığım yerinde olduğu müddetçe çalışacağım.
Er liegt im Bett, anstatt dass er arbeitet. Sie liest die Zeitung, anstatt dass sie kocht. Er sitzt in der Kneipe, anstatt dass er nach Hause geht.	Çalışacağı yerde, yatakta yatıyor. Yemek pişireceği yerde, gazete okuyor. Eve gideceği yerde meyhanede oturuyor.
Soweit ich weiß, wohnt er hier. Soweit ich weiß, ist seine Frau krank. Soweit ich weiß, ist er arbeitslos.	Bildiğim kadarıyla, o (erkek) burada oturuyor. Bildiğim kadarıyla hanımı hasta. Bildiğim kadarıyla, o işsiz.
Ich hatte verschlafen, sonst wäre ich pünktlich gewesen. Ich hatte den Bus verpasst, sonst wäre ich pünktlich gewesen. Ich hatte den Weg nicht gefunden, sonst wäre ich pünktlich gewesen.	Uyuya kalmışım, yoksa dakik olurdum. Otobüsü kaçırmıştım, yoksa dakik olurdum. Yolu bulamadım, yoksa dakik olurdum.

97 [siebenundneunzig]

97 [doksan yedi]

Konjunktionen 4

Bağlaçlar 4

Er ist eingeschlafen, obwohl der Fernseher an war.
Er ist noch geblieben, obwohl es schon spät war.
Er ist nicht gekommen, obwohl wir uns verabredet hatten.

Televizyon açık olduğu halde, o (erkek) uyudu.
Geç olduğu halde, o (erkek) daha oturdu.
Kararlaştırdığımız halde, o (erkek) gelmedi.

Der Fernseher war an. Trotzdem ist er eingeschlafen.
Es war schon spät. Trotzdem ist er noch geblieben.
Wir hatten uns verabredet. Trotzdem ist er nicht gekommen.

Televizyon açıktı. O buna rağmen uyudu.
Geç olmuştu. O buna rağmen daha oturdu.
Kararlaştırmıştık. O buna rağmen gelmedi.

Obwohl er keinen Führerschein hat, fährt er Auto.
Obwohl die Straße glatt ist, fährt er schnell.
Obwohl er betrunken ist, fährt er mit dem Rad.

O, sürücü belgesi olmadığı halde araba kullanıyor.
O, yol ıslak olduğu halde hızlı gidiyor.
O, sarhoş olduğu halde bisiklet ile gidiyor.

Er hat keinen Führerschein. Trotzdem fährt er Auto.
Die Straße ist glatt. Trotzdem fährt er so schnell.
Er ist betrunken. Trotzdem fährt er mit dem Rad.

Onun sürücü belgesi yok. Buna rağmen araba kullanıyor.
Yol ıslak. Buna rağmen çok hızlı gidiyor.
O, sarhoş. Buna rağmen bisiklet ile gidiyor.

Sie findet keine Stelle, obwohl sie studiert hat.
Sie geht nicht zum Arzt, obwohl sie Schmerzen hat.
Sie kauft ein Auto, obwohl sie kein Geld hat.

O, üniversite bitirdiği halde iş bulamıyor.
O, ağrıları olduğu halde doktora gitmiyor.
O, parası olmadığı halde araba alıyor.

Sie hat studiert. Trotzdem findet sie keine Stelle.
Sie hat Schmerzen. Trotzdem geht sie nicht zum Arzt.
Sie hat kein Geld. Trotzdem kauft sie ein Auto.

O, üniversite bitirdi. Buna rağmen iş bulamıyor.
Onun ağrıları var. Buna rağmen doktora gitmiyor.
Onun parası yok. Buna rağmen bir araba satın alıyor.

98 [achtundneunzig]	98 [doksan sekiz]
Doppelte Konjunktionen	**Çift bağlaçlar**

Die Reise war zwar schön, aber zu anstrengend.	Seyahat gerçi güzeldi, ama yorucuydu.
Der Zug war zwar pünktlich, aber zu voll.	Tren gerçi dakikti, ama doluydu.
Das Hotel war zwar gemütlich, aber zu teuer.	Otel gerçi rahattı, ama pahalıydı.
Er nimmt entweder den Bus oder den Zug.	O, ya otobüs ya da trene binecek.
Er kommt entweder heute Abend oder morgen früh.	O, ya bu akşam ya da yarın sabah gelecek.
Er wohnt entweder bei uns oder im Hotel.	O, ya bizde ya da otelde kalacak.
Sie spricht sowohl Spanisch als auch Englisch.	O (kadın) hem ispanyolca hem de ingilizce konuşuyor.
Sie hat sowohl in Madrid als auch in London gelebt.	O hem Madrid'te hem de Londra'da yaşadı.
Sie kennt sowohl Spanien als auch England.	O hem İspanya'yı hem de İngiltere'yi biliyor.
Er ist nicht nur dumm, sondern auch faul.	O sadece aptal değil, aynı zamanda tembel.
Sie ist nicht nur hübsch, sondern auch intelligent.	O sadece güzel değil, aynı zamanda akıllı.
Sie spricht nicht nur Deutsch, sondern auch Französisch.	O sadece Almanca değil, aynı zamanda Fransızca da konuşuyor.
Ich kann weder Klavier noch Gitarre spielen.	Ben ne piyano ne de gitar çalabiliyorum.
Ich kann weder Walzer noch Samba tanzen.	O ne vals, ne de samba dansı yapabiliyor.
Ich mag weder Oper noch Ballett.	Ne opera ne de bale seviyorum.
Je schneller du arbeitest, desto früher bist du fertig.	Ne kadar hızlı çalışırsan, o kadar çabuk bitirirsin.
Je früher du kommst, desto früher kannst du gehen.	Ne kadar erken gelirsen, o kadar erken gidebilirsin.
Je älter man wird, desto bequemer wird man.	İnsan ne kadar yaşlanırsa, o kadar rahat oluyor.

99
[neunundneunzig]

99 [doksan dokuz]

Genitiv

Belirten

die Katze meiner Freundin
der Hund meines Freundes
die Spielsachen meiner Kinder

kız arkadaşımın kedisi
erkek arkadaşımın köpeği
Çocuklarımın oyuncakları

Das ist der Mantel meines Kollegen.
Das ist das Auto meiner Kollegin.
Das ist die Arbeit meiner Kollegen.

Bu iş arkadaşımın (erkek) paltosu.
Bu iş arkadaşımın (kadın) arabası.
Bu iş arkadaşlarımın işi.

Der Knopf von dem Hemd ist ab.
Der Schlüssel von der Garage ist weg.
Der Computer vom Chef ist kaputt.

Gömleğin düğmesi düştü.
Garajın anahtarı kayıp.
Şefin bilgisayarı bozuk.

Wer sind die Eltern des Mädchens?
Wie komme ich zum Haus ihrer Eltern?
Das Haus steht am Ende der Straße.

Kızın ebeveynleri kimler?
Ebeveynlerinin evine nasıl gidebilirim?
Ev caddenin sonunda.

Wie heißt die Hauptstadt von der Schweiz?
Wie heißt der Titel von dem Buch?
Wie heißen die Kinder von den Nachbarn?

İsviçre'nin başkentinin adı ne?
Kitabın adı ne?
Komşuların çocuklarının adları nedir?

Wann sind die Schulferien von den Kindern?
Wann sind die Sprechzeiten von dem Arzt?
Wann sind die Öffnungszeiten von dem Museum?

Çocukların okul tatili ne zaman?
Doktorun muayene saatleri ne zaman?
Müzenin açılış saatleri ne zaman?

100 [hundert]

Adverbien

100 [yüz]

Nitelik zarfları

schon einmal – noch nie
Sind Sie schon einmal in Berlin gewesen?
Nein, noch nie.

daha evvel – daha önce hiç
Daha evvel hiç Berlin'de bulundunuz mu?
Hayır, daha önce hiç bulunmadım.

jemand – niemand
Kennen Sie hier jemand(en)?
Nein, ich kenne hier niemand(en).

biri – hiç kimse
Burda tanıdığınız var mı?
Hayır, burda kimseyi tanımıyorum.

noch – nicht mehr
Bleiben Sie noch lange hier?
Nein, ich bleibe nicht mehr lange hier.

daha – artık değil
Burada daha çok kalacak mısınız?
Hayır, burada artık fazla kalmayacağım.

noch etwas – nichts mehr
Möchten Sie noch etwas trinken?
Nein, ich möchte nichts mehr.

birşey daha – hiç bir şey
Bir şey daha içmek istermisiniz?
Hayır, başka hiç bir şey istemiyorum.

schon etwas – noch nichts
Haben Sie schon etwas gegessen?
Nein, ich habe noch nichts gegessen.

evvelce – henüz değil
Evvelce bir şeyler yediniz mi?
Hayır, henüz bir şey yemedim.

noch jemand – niemand mehr
Möchte noch jemand einen Kaffee?
Nein, niemand mehr.

daha başka biri – artık kimse yok
Başka kahve isteyen var mı?
Hayır, kimse istemiyor.